SAINT NORBERT

LILLE

L. LEFORT, IMP.-LIBRAIRE

SAINT NORBERT

Il vient se mettre sous la direction de l'abbé Conon.

SAINT NORBERT

ARCHEVÊQUE DE MAGDEBOURG

ET FONDATEUR

de l'Ordre des Chanoines Prémontrés.

LILLE

L. LEFORT, IMPRIMEUR-LIBRAIRE

1854

PROPRIÉTÉ DI

SAINT NORBERT

Naissance de Norbert. — Ses heureuses dispositions. — Il s'attache au prince-archevêque de Cologne, puis à l'empereur Henri v. — Sa vie mondaine. — Sa conversion. — Sa pénitence. — Ses missions dans les diocèses de Nîmes, d'Orléans, de Cambrai, de Liège. — Fruits étonnants de sa prédication pour la conversion des âmes et la réconciliation des ennemis.

La ville de Xanten, située dans le duché de Clèves, fut le lieu de la naissance de Norbert. Héribert son père, comte de Genepe, tenait un des premiers rangs parmi la noblesse d'Allemagne, et était allié aux empereurs et aux princes de sa nation. Hedervige sa mère n'était pas d'une extraction moins illustre, puisqu'elle tirait son origine de l'auguste maison de Lorraine, si féconde en héros chrétiens.

Sitôt que Norbert fut capable de recevoir les premières impressions, sa vertueuse mère lui inspira la crainte de Dieu et l'amour de la sagesse ; et, étant elle-même un modèle de piété, elle lui en persuada la pratique par l'autorité de ses exemples.

Dieu donna à Norbert toutes les qualités nécessaires pour servir avec succès les desseins de sa providence sur lui. Il avait une constitution robuste, un air également agréable et majestueux, une taille riche, un esprit pénétrant, une âme grande et héroïque, une piété tendre, un cœur docile aux vérités de la foi, une ardeur merveilleuse pour les sciences, un génie heureux, de l'éloignement pour les fêtes et pour les divertissements du monde, dans un âge que l'on considère comme la saison des plaisirs, et qui souvent est l'écueil de l'innocence.

Tant que le jeune Norbert demeura sous la conduite paternelle, il ne démentit point par ses actions les espérances qu'on avait conçues de lui. Ses parents, touchés de ce naturel heureux qui ne laissait presque rien à faire à l'éducation, comprirent que leur fils était appelé aux saints autels. Il reçut l'ordre du sous-diaconat des mains de Frédéric, archevêque de Cologne, et il fut pourvu d'un canonicat dans l'église impériale de Santen.

Bientôt sa réputation l'appela près de la personne du prince archevêque de Cologne. Ce nouvel engagement troubla d'abord la délicatesse de sa conscience. Les embarras de la vie agitée du monde effarouchèrent son esprit accoutumé aux douceurs de la vie intérieure. Mais peu à peu ses craintes se cal-

mèrent , sa vigilance se relâcha , il se façonna insensiblement aux manières de la cour , et les plaisirs du
monde ne lui semblèrent plus ni si périlleux ni si
redoutables. L'ambition vint bientôt se mêler à ses
dispositions nouvelles ; il sut se procurer par des ménagements de politique une dignité dans la cathédrale de Cologne ; et par un abus que l'usage semblait autoriser alors , il accumula plusieurs bénéfices , sans rendre aucun service à l'Eglise.

Ces distinctions , quoiqu'éminentes, ne satisfirent
pas ses désirs. La cour de Frédéric n'eut pas assez de
charmes pour arrêter un homme enflé déjà de la fortune , et que des idées chimériques remplissaient
d'espérances plus vastes. Il quitta l'archevêque pour
s'attacher au service de l'empereur Henri v.

Ce nouveau maître , prévenu en faveur du jeune
Norbert , lui donna bientôt sa confiance et son amitié.
Norbert , de son côté , qui savait manier les esprits ,
et qui possédait parfaitement l'art de plaire aux princes, s'appliqua à s'assurer les bonnes graces d'Henri.

La supériorité d'esprit dont il donna des marques
en différentes négociations , son affabilité qui le rendait populaire sans familiarité , son discernement
qui lui faisait toujours prendre le bon parti dans les
affaires douteuses , déterminèrent l'empereur à l'honorer de la charge d'aumônier ou de chapelain de
son palais. Cet emploi qui , en ce temps, était la récompense du mérite, de la science et de la naissance , mit Norbert en crédit à la cour, et lui ouvrit
l'entrée dans le gouvernement de l'Etat. Il était de
tous les conseils du prince , et l'accompagnait dans
les diètes. Il assista à celle de Ratisbonne, où l'on
résolut que l'empereur irait à Rome pour s'y faire

couronner. Norbert fut choisi pour l'accompagner dans ce voyage avec plusieurs autres savants ecclésiastiques, afin de faciliter un accommodement amiable, et de procurer la paix de l'Eglise, sans intéresser l'honneur de l'empire.

Pascal ii était alors assis dans la chaire de saint Pierre. Ce pontife, qui avait soutenu avec tant de courage la cause de l'Eglise contre l'empereur Henri iv, souhaitait vivement de rendre la tranquillité à l'empire et la liberté aux pasteurs. Henri v, qui témoignait de sa part le même désir, s'en expliqua dans la diète de Ratisbonne en des termes qui firent espérer le rétablissement d'une paix solide; mais les évènements les plus fâcheux et les plus déplorables vinrent changer la face des choses. Une guerre acharnée et d'horribles profanations désolèrent Rome : le pape fut déclaré prisonnier et traité d'une manière indigne.

Norbert, spectateur de ces actes odieux, qu'on tâchait en vain de pallier, ne put voir sans horreur le chef de l'Eglise rassasié de tant d'ignominies. La complaisance qu'il avait pour son prince n'étouffa point en lui tout sentiment; mais il était encore trop courtisan pour agir avec la noble générosité du chrétien.

Sans oser adresser à son prince de légitimes représentations, il se contenta de gémir intérieurement sur l'affliction de l'Eglise, et d'en témoigner sa douleur au pape. Il vint le trouver, et les larmes aux yeux, il le plaignit sur ses malheurs qui jetaient tous les fidèles dans une extrême désolation; puis, ajoutant des marques sensibles de sa douleur aux sentiments intérieurs dont il était pénétré, il tomba aux pieds du souverain pontife , condamna les violences de l'empereur, et lui demanda pardon pour un de ses sujets et de ses domestiques , qui n'avait concouru au crime de son prince que par le malheur qu'il avait eu d'être attaché à sa personne.

Après bien des alternatives , la paix se rétablit enfin ; Henri, toutefois, conservant ses prétentions , voulut continuer à dominer le pouvoir spirituel du père commun des fidèles.

L'évêché de Cambrai étant devenu vacant par la mort d'Odon , l'empereur voulut nommer Norbert à cette charge éminente.

Celui-ci, quoique toujours mû par les vues ambitieuses du courtisan , tenait à ne pas fouler aux pieds les saintes règles , et craignait les anathèmes de l'Eglise. Il savait que le concile de Latran venait de s'élever contre les investitures, et qu'il avait frappé d'excommunication les usurpateurs de la puissance spirituelle. Aussi, il remercia l'empereur sous des prétextes spécieux , et pour ne pas s'attirer son indignation , il lui déguisa les causes de son refus. Cependant il continua ses assiduités à la cour , et il s'attacha toujours avec zèle au service du prince. Les évènements si graves dont il avait été le témoin, n'avaient pu encore le détacher de l'amour de la gloire humaine ; il était même si imbu des folles idées de la grandeur et des richesses , qu'il ne comprenait pas qu'un homme de qualité pût vivre sans ambition.

Occupé de ces vaines pensées , et occupant son esprit des rêves de la plus haute fortune , il allait un jour, monté sur un magnifique cheval , sans autre suite qu'un valet , se délasser à la campagne , dans un bourg nommé Fréden, distant de Santen de six lieues.

Au moment où il traversait une belle prairie, le ciel s'obscurcit tout-à-coup, d'épais nuages dérobent la lumière du soleil, les éclairs sillonnent la nue, le tonnerre gronde avec fracas; le valet, saisi de crainte à l'aspect du péril qui les menace, s'écrie dans le transport d'une terreur prophétique : « Où allez-vous ? que prétendez-vous faire? retournez ; la main de Dieu est tournée contre vous, et déjà sa colère commence d'éclater. »

A peine eut-il achevé ces paroles, que Norbert entend une voix qui lui crie : « Pourquoi me persécutes-tu ? Est-ce ainsi que tu réponds aux desseins de ma providence, et que tu fais servir aux projets de ton orgueil les richesses et l'esprit que je t'ai donnés, pour servir aux projets de ma gloire? Je t'avais mis au monde pour le salut et l'édification de mon Eglise, et voilà que tu es devenu l'instrument de la perte des fidèles. »

A ces mots, la foudre fend la nue, tombe aux pieds du cheval, creuse une fosse profonde et renverse Norbert. Norbert, évanoui et presque mort, demeura pendant une heure étendu, sans parole, sans connaissance. Le valet effrayé s'efforce de le rappeler à la vie; mais il est sourd à ses cris ; Dieu seul peut lui faire entendre sa voix. Il parle, et son serviteur se ranime au son de sa parole : la grace a brillé à ses yeux, et cet aveugle volontaire découvre toutes les misères. Ses illusions se dissipent; il pleure ses égarements, il condamne la vanité de ses devoirs, et dans l'amertume d'une vive contrition : « Mon Dieu, s'écrie-t-il, que voulez-vous que je fasse ?

Une voix intérieure lui répond : « Renonce au mal et pratique la vertu, cherche la paix et recours à ma miséricorde. »

C'en est fait ; il forme la résolution de mener une vie nouvelle, de renoncer à la cour et à toutes les vanités ; il rompt tous les engagements, et se retire à Santen pour s'occuper uniquement de son salut.

Ce fut là qu'il repassa dans l'amertume de son cœur ses égarements, qu'il versa des larmes amères sur tant de jours vides donnés tout entiers au monde, et perdus pour l'éternité. Se livrant à la ferveur, il punit son corps par le jeûne et la mortification.

Après ces premières épreuves, Norbert comprit qu'il avait besoin, comme saint Paul, d'être guidé par un Ananie. Il se défiait de ses lumières autant que de ses forces. Il connaissait qu'il y avait un égal danger à aller trop vite ou à n'avancer pas assez dans le chemin qu'il voulait suivre désormais. Il comprenait qu'une vertu naissante, qui ne peut encore discerner les caractères de la vraie piété et les égarements de l'amour-propre, était exposée à une infinité d'illusions qu'il n'est pas facile de démêler sans le secours d'un père spirituel. C'est pourquoi il vint se mettre sous la direction de l'abbé Conon, qui conduisait alors avec la plus grande édification le monastère de Sibourg, et qui gouverna depuis avec le même succès l'évêché de Ratisbonne. Ce saint abbé, qu'une longue expérience jointe à une haute réputation rendait recommandable, fut le directeur de Norbert. Celui-ci se soumit absolument à sa conduite, il lui découvrit son cœur, il lui fit sonder la profondeur de ses plaies ; et, pour en recevoir les remèdes plus efficaces, il lui fit, avec les larmes de la componction, l'humble aveu de toutes les fautes de sa vie.

Tandis que le Père spirituel travaillait à former son disciple, le disciple de son côté s'appliquait à seconder les soins de son directeur par la lecture de l'Evangile, par les exercices de la mortification, par la pratique de la pauvreté. Sans être moine, il embrassa toutes les rigueurs de la vie monastique, et il commença dès lors à devenir un véritable chrétien. L'humilité de la croix lui parut plus aimable que toute la gloire du siècle; le néant des richesses, la vanité des plaisirs se dévoilèrent à ses yeux; il se persuada sans peine qu'il n'y avait rien de plus grand que le mépris des grandeurs mortelles.

Norbert sortit de Sibourg pénétré de ces maximes et rempli de reconnaissance envers son directeur. Il lui en donna bientôt des preuves sensibles, en fondant le monastère de Wistemberg, qu'il dota d'une partie de ses biens, et qu'il mit sous la conduite de ce saint abbé.

Ce n'était là qu'un faible commencement des actions héroïques que l'on devait attendre d'un chrétien parfaitement détrompé des erreurs du siècle, et résolu de s'attacher uniquement à la perfection évangélique. Pour que Norbert entrât d'une manière plus complète dans les premières dispositions de la Providence à son égard, et qu'il se mît cependant en état d'être plus utile à la religion, il fallait qu'il fût revêtu de l'auguste caractère du sacerdoce. La haute idée qu'il avait d'un si sublime ministère ne s'accommodait pas avec les sentiments d'un cœur pénétré de sa bassesse. Il trouvait qu'un pécheur comme lui devait se condamner à répandre les larmes

de la pénitence, et à se tenir éloigné des sublimes
fonctions du saint ministère. Mais Dieu dissipa ses
frayeurs, et le détermina, par les signes d'une vocation certaine, à une obéissance respectueuse.

Norbert vint trouver Frédéric, son archevêque,
et lui découvrit les dispositions de son cœur. L'archevêque fut convaincu qu'il pouvait, à cause de la
ferveur du sujet et en faveur d'une vocation toute
céleste, se dispenser de suivre les règles ordinaires,
et l'admit aux ordres du diaconat et de la prêtrise.

Le samedi saint de l'année 1115, Norbert vint à
l'église métropolitaine avec ses habits pompeux,
et se mêla avec la troupe des ordinands. Le sacristain
lui donna les ornements sacrés, en présence d'une
infinité de spectateurs qui étaient accourus à la nouvelle de cette ordination. Le saint, inspiré de Dieu,
voulant réparer le scandale qu'il avait causé par son
luxe, appela un de ses domestiques qui l'accompagnait dans cette cérémonie, lui demanda l'habit
qu'il cachait sous le manteau, et après s'être dé-
pouillé de ses vêtements magnifiques, se couvrit
d'une robe de peau d'agneaux, et se ceignit d'une
corde, déclarant par là qu'il renonçait à toutes les
vanités. Il reçut les ordres avec cet appareil de pénitence, et sortit de Cologne pour se rendre aussitôt
à Wistemberg, et y vivre dans le recueillement et
la retraite.

Il passa quarante jours dans cette sainte solitude,
sous la direction de l'abbé Conon, jeûnant tous les
jours, ne vivant que de pain et d'eau, étudiant avec
assiduité les devoirs de son ministère, mais goûtant
les douceurs du paradis dans la contemplation des
vérités de la foi.

Quelque douce que lui fût cette solitude, quelque agréable que fût la conversation des saints religieux de ce monastère, il la quitta pour retourner dans son église de Santen, où sa réputation avait devancé son arrivée. Le doyen et le chapitre, informés de son retour, vinrent le féliciter, et le prièrent de chanter le lendemain la messe en présence de ses confrères.

Norbert y consentit, et célébra le saint sacrifice avec une telle abondance de larmes, que ceux qui y assistèrent eurent peine à retenir les leurs. Son visage exténué, ses manières modestes, sa fervente piété pénétrèrent le cœur de tous les assistants. Après que le premier évangile fut chanté, Norbert, brûlant d'un feu céleste, interrompit le sacrifice, se tourna vers le peuple, et avec cet air d'autorité que lui donnait son extérieur pénitent, il prononça un discours sur la fragilité des biens de ce monde, sur le néant des grandeurs et sur la vanité des plaisirs. Il fit remarquer combien il en coûte pour les acquérir, les inquiétudes que l'on souffre en les possédant, et les cruelles douleurs qu'ils causent par leur perte. « Que la fascination des hommes est prodigieuse, s'écria-t-il, de poursuivre une gloire qui échappe, de rechercher des grandeurs qui jettent dans une continuelle perplexité, d'aspirer après des richesses qui appauvrissent, de se livrer à des joies qui fuient, d'aimer un monde où l'on vit sans sécurité, où il n'y a pas de repos sans alarmes, où la prospérité n'est jamais sans disgraces, les plaisirs sans épines, l'abondance sans disette, et les jours les plus tranquilles sans douleur ! »

Il adressa ensuite la parole aux chanoines, et pour

ne scandaliser personne par une censure particulière, il attaqua leur conduite en général ; il troubla le calme de leurs fausses consciences par la crainte du jugement à venir ; il leur remontra avec force les devoirs de leur profession ; il leur fit appréhender la sévérité de la justice de Dieu, qui punit sans miséricorde les profanations du sanctuaire.

Cette prédication véhémente, animée du zèle d'un second Jean-Baptiste, eut le sort de la semence évangélique. Norbert ne se rebuta pas de la dureté et des satires de la plupart de ses auditeurs. Dès le lendemain, il recommença à prêcher, et lorsque tous les chanoines furent assemblés dans le chapitre, il prit en main la règle de saint Grégoire et de saint Isidore, et leur représenta, avec une éloquence merveilleuse, qu'ils étaient obligés de maintenir l'observance de cette règle, qu'ils avaient reçue de leurs ancêtres, et que tout le chapitre avait solennellement juré de garder.

Les anciens, qui entendirent ce discours, en furent extrêmement attendris. Ils regardèrent Norbert avec des yeux d'admiration ; ils ne doutaient pas qu'il ne fût envoyé de Dieu pour le rétablissement de la discipline, et ils étaient disposés à seconder ses pieuses intentions. Les plus jeunes, au contraire, attachés aux douceurs de la vie molle, prirent feu à ses remontrances, se scandalisèrent de sa liberté apostolique, et l'attribuèrent à une dévotion indiscrète et peu réglée. Non contents de ne pas profiter des sages instructions de Norbert, ils le dépeignirent au légat du pape comme un novateur et un hypocrite, qui cachait de pernicieux desseins sous les apparences d'un prétendu zèle pour la réformation des mœurs.

L'accusé, qui avait continuellement devant les yeux ses péchés passés, avoua qu'il était digne du dernier mépris et de toutes sortes de mauvais traitements. Il souffrit avec joie l'épreuve que le Seigneur lui avait envoyée ; mais, venant ensuite à réfléchir que sa réputation lui était nécessaire pour travailler à la gloire de Dieu, il se justifia de toutes les imputations dont on le chargeait, dans un concile auquel assista le légat et qui se tint à Fritzlar, en 1118.

Embrasé d'un nouveau désir de ne vivre que pour Dieu, il se démit de tous ses bénéfices entre les mains de l'archevêque de Cologne, vendit son bien et en distribua le prix aux pauvres, ne se réservant que dix marcs d'argent, une mule, et les ornements dont il se servait à l'autel.

Déchargé du fardeau de ses richesses, il se mit en route. Le monde le plus idolâtre de la fortune ne pouvait refuser son admiration au mépris que Norbert faisait de tous les avantages de la terre. Les villes, à son passage, applaudissaient à sa vertu. Norbert seul n'était pas content de lui-même. Les dix marcs d'argent qu'il s'était réservés pour les besoins du voyage, lui parurent contraires à l'esprit de pauvreté ; il les regarda comme l'effet d'une prévoyance timide qui semblait se défier des soins de la Providence de Dieu. Ainsi, étant arrivé à Huy, et faisant de sérieuses réflexions sur la pauvreté du Sauveur, qu'il s'était proposée pour le modèle de la sienne, il distribua cet argent aux pauvres.

Il poursuivit son chemin dans ce dépouillement parfait, exposé aux injures des saisons, aux disgraces de la mendicité, marchant pieds nus dans la neige, et arriva dans cet état à Saint-Gilles.

Saint-Gilles est une petite ville du diocèse de Nîmes, où le pape Gélase II, chassé de Rome par la faction de Cincio Frangipani et par la persécution de l'empereur Henri V, avait été contraint de se retirer. A son arrivée, Norbert eut une audience de Gélase. Il exposa au saint-père les motifs de son voyage, le zèle qu'il sentait pour le salut des âmes, et le dessein qu'il avait pris de travailler, sous son autorité, à la conversion des pécheurs. Gélase, informé de la naissance de Norbert, et ravi de sa conversation, l'engagea à demeurer près de sa personne. Mais l'humble serviteur de Dieu, à qui la seule pensée des honneurs était un supplice, se défendit des instances du souverain pontife. Il lui remontra humblement qu'ayant eu le malheur de vivre dans les cours des princes et des empereurs, il était temps qu'il expiât par la pénitence les désordres d'une vie mondaine. Il ajouta que sa jeunesse et le défaut d'expérience le rendaient incapable des emplois dont sa sainteté voulait l'honorer; et que quand il en serait capable, sa vie passée l'en rendait indigne; que si elle lui permettait de reprendre la vie canonique qu'il avait quittée, ou d'embrasser la vie monastique, ou enfin de passer le reste de ses jours en pèlerinage, il obéirait aveuglément à ses ordres; qu'à l'égard de la place honorable qu'elle lui offrait, il la suppliait de ne le point forcer à s'y soumettre; que toute la grace qu'il venait lui demander, était de lui pardonner la faute qu'il avait commise en recevant deux ordres majeurs dans un seul jour; que, si après lui avoir pardonné cette faute, elle le trouvait propre à la prédication de l'Evangile, il accepterait avec joie l'honneur d'un si saint ministère.

2

Gélase ne savait à quoi se résoudre. Le mérite de Norbert lui persuadait de le retenir près de lui ; les raisons de Norbert voulaient qu'il consentît à son éloignement. Il hésitait ainsi, jusqu'à ce que Norbert, s'apercevant de ses indécisions, lui représenta que, depuis que la grace l'avait éclairé de ses lumières et rappelé de ses égarements, il n'avait pas interrompu la prédication de l'Evangile ; que s'il lui était permis de prévenir les oracles de sa sainteté, il lui semblait que Dieu le souhaitait dans les fonctions apostoliques. Gélase, voyant le doigt de Dieu dans cette admirable vocation, ne pensa plus qu'à seconder les desseins du nouvel apôtre.

Norbert, muni d'amples pouvoirs spirituels, sortit de Saint-Gilles, heureux d'avoir évité les honneurs de la cour, mais plus heureux encore de la bénédiction et des marques d'affection que le souverain pontife lui donna à son départ. Les neiges qui couvraient la terre rendaient les chemins impraticables, mais la charité qui embrasait le cœur de l'homme apostolique lui faisait surmonter les rigueurs de la saison. Il traversa de vastes provinces, sans adoucir sa pénitence, sans rien relâcher de son austérité. Il enfonçait dans les neiges quelquefois jusqu'aux genoux ; souvent abattu de lassitude, il était contraint de prendre un peu de repos sur la glace. Cependant il ne voulut jamais se servir de monture ; il passait tous les jours dans les fatigues et presque toutes les nuits en oraison.

Il arriva enfin à Orléans au commencement du carême. Là un sous-diacre, touché de ses exemples, se mit à sa suite, et embrassa le même genre de vie. Ce fut la première conquête de son apostolat, et le premier enfant de ses douleurs qui partagea avec lui les travaux de sa mission. Avec ce renfort il continua son chemin, répandant dans les lieux de son passage l'odeur de la sainteté. Ils arrivèrent à Valenciennes, en Hainaut, la veille des Rameaux 1119. La conjoncture était favorable. Mais, sachant peu de français, il souffrait de ne pouvoir profiter d'une aussi heureuse circonstance. Il eut recours à la prière, pour attirer par ses vœux sur Valenciennes les graces qu'il ne pouvait lui communiquer par la parole.

Pendant l'oraison, il se souvint qu'autrefois le Saint-Esprit donna aux Apôtres le don des langues pour la conversion des peuples. Il demanda la même grace pour la conversion de la ville, ou du moins il pria le Seigneur, que pour l'honneur de son apostolat et pour la gloire de l'Evangile, il permît que la langue, dont il allait se servir, fût entendue de tous ceux qui assisteraient à son sermon.

Le Saint-Esprit exauça la prière de son serviteur. Le lendemain, il monte en chaire, il prêche en langue teutonique, et ses auditeurs, à qui elle était étrangère, l'entendirent aussi parfaitement que s'il eût parlé dans leur propre langue. Le miracle opéra des conversions admirables dans Valenciennes. Le peuple, frappé d'étonnement et pénétré de componction, venait en foule consulter Norbert; les pécheurs effrayés accouraient à lui pour se réconcilier par le sacrement de pénitence; toute la ville, transportée de joie à cause du trésor qu'elle possédait, et affligée par la seule pensée de son départ, prenait déjà des mesures pour le retenir.

Norbert, qui avait dessein de retourner à Cologne, résistait à toutes les sollicitations, et se disposait à quitter la ville, lorsque la maladie de ses compagnons l'obligea d'accepter le séjour qu'il avait refusé. Il ne voulut confier qu'à sa vigilance le soin de ses chers malades. Il nettoyait de ses mains les ulcères, que les neiges leur avaient causés. Il leur préparait les remèdes, qu'il mendiait pour eux ou qu'il recevait de la charité des fidèles; mais il avait soin surtout de leurs consciences, et sa principale occupation était de les exhorter à souffrir en fidèles disciples de la croix et à mourir chrétiennement.

Il plut au Seigneur, dont les jugements sont toujours adorables, d'abréger les exercices pénibles de la charité de Norbert, en couronnant d'une mort précieuse les mérites de ses chers enfants. Leur mort lui coûta bien des larmes ; il devait ce tribut à l'affection paternelle qu'il leur portait, et cette consolation à sa douleur. Les deux premiers collègues de Norbert, qui l'accompagnaient depuis son départ de l'Allemagne, furent enterrés dans l'église de Saint-Pierre, et le sous-diacre dans l'église de Sainte-Marie, à Valenciennes.

Après que notre illustre pénitent eût rendu les derniers devoirs à ses trois disciples, la Providence, qui l'avait affligé, lui envoya un grand motif de consolation. Burchard, évêque de Cambrai, passa à Valenciennes. Norbert, qui avait eu avec lui d'étroites liaisons à la cour de l'empereur, rendit visite à l'évêque. Hugues, chapelain du prélat, l'introduisit auprès de Burchard, qui d'abord ne put reconnaître le jeune seigneur qu'il avait vu naguères si élégant et si magnifique. Norbert était en effet méconnaissable ; son visage livide, ses vêtements grossiers, son corps décharné, ne rappelaient point à Burchard l'idée d'un courtisan vivant au milieu des plaisirs et de l'opulence. Mais après quelques moments de conversation, Burchard ne put douter qu'il n'eut devant les yeux l'ancien favori de l'empereur Henri. Dans un transport d'admiration, il s'écria : « Norbert ! qui aurait jamais cru à un pareil changement ? Quoi donc, êtes-vous celui que j'ai vu comblé de gloire et de richesses, que les empereurs honoraient de leur amitié, dont les courtisans enviaient le bonheur, et qui m'avez favorisé vous-même de votre crédit ! » Les larmes, qui se mêlaient à ces démonstrations de tendresse, jetèrent Hugues dans l'inquiétude. Comme il n'entendait pas l'allemand, il y conjecturait du mystère, et il n'en pouvait trouver l'explication. Il prit la liberté d'interroger l'évêque sur le sujet de ses pleurs. Alors Burchard, redoublant ses soupirs, lui dit que cet homme, qui paraissait en si mauvais équipage, avait été le confident de l'empereur, les délices de sa cour, que c'était un seigneur distingué par sa naissance, revêtu des plus hautes dignités.

Ce récit jeta des semences de salut dans le cœur de Hugues. Il ne put contenir ses larmes, à la vue de celles que versait son évêque. La grace, qui sollicitait depuis quelques années ce vertueux ecclésiastique à la retraite, réveilla ses anciennes inclinations, à l'aspect de Norbert. Il ne s'en expliqua pourtant pas alors. Mais le saint étant tombé malade, il lui fit de fréquentes visites ; il étudia son esprit et ses maximes, il s'informa de ses desseins, et goûta tellement ses paroles et ses exemples qu'il résolut de se déclarer son disciple.

Dès les premiers jours de la convalescence de Norbert, Hugues lui ouvrit son cœur, et lui demanda la grace de l'associer à ses travaux. Norbert, à cette proposition, levant les mains au ciel, loua le Seigneur de lui avoir suscité un disciple pour succéder au zèle et à la vertu de ceux que la mort venait de lui ravir. Sa joie fut un peu altérée lorsque Hugues lui eut demandé la permission d'aller jusqu'à Fosse (petite ville du pays de Liège, dont il était originaire) pour y régler ses affaires domestiques. Cette demande paraissait peu conforme aux premières ardeurs d'une véritable vocation; le saint lui conseilla de ne point exposer la grace qu'il venait de recevoir, aux tentations des choses du siècle, et de se défier des prétextes de piété dont le sang et la chair pouvaient colorer son voyage. Hugues, qui n'avait pas encore assez de lumières pour comprendre les avis de son maître, ni assez de détachement pour abandonner ses intérêts temporels, persista dans sa résolution. « Allez donc, lui dit Norbert, allez, mon frère, si votre vocation vient de Dieu, rien n'en pourra ébranler la constance; mais si elle vous a été inspirée par le caprice, le monde détruira bientôt ce qui aura été produit par l'humeur. Je vous attendrai ici autant de temps qu'il vous en faut pour donner ordre à vos affaires; si la grace vous ramène, je vous recevrai avec plaisir.»

Hugues partit avec de grandes protestations de revenir promptement à lui pour ne s'en séparer jamais. Sa conduite justifia la sincérité de ses paroles. Il régla les choses les plus pressantes, et il confia le reste aux soins de la Providence, pour venir en diligence rejoindre Norbert à Valenciennes. A son retour, il s'occupa tout entier de sa nouvelle vocation, et s'appliqua à se remplir du zèle et de l'esprit du Saint auquel il voulait s'attacher pour toujours.

Dieu bénit les prémices de leur mission. Dans tous les villages où ils annoncèrent l'Evangile , ils firent des conversions extraordinaires. Les ennemis les plus irréconciliables, frappant leur poitrine , venaient déposer aux pieds de Norbert les pensées de leur vengeance ; les pécheurs invétérés, troublés par la crainte du jugement de Dieu , renonçaient à leurs désordres. La moisson fut si abondante , que leurs mains ne pouvaient presque suffire à recueillir les fruits de leurs travaux. Les prodiges étaient si nombreux et si publics , que les habitants des villes , au bruit du passage des deux apôtres , sortaient au-devant d'eux , pour les inviter à les honorer de leur présence.

Norbert , qui avait tout quitté pour l'Evangile , se tenait en garde contre les honneurs et les libéralités dont il était souvent l'objet. Il refusait l'argent qu'on lui offrait ; tout ce que l'on put gagner sur lui , fut de lui faire accepter les oblations que l'on apportait sur l'autel pendant le saint sacrifice ; encore voulut-il les distribuer sur l'heure même aux pauvres. Il acceptait l'hospitalité que Jésus-Christ permettait à ses apôtres dans leur mission , mais il n'interrompait point les règles de la pénitence qu'il s'était prescrites. La terre lui servait de chaise et de lit, et ses genoux, de table durant son repas. Ses mets n'étaient assaisonnés que de sel , l'eau était sa boisson ordinaire , et ce genre de vie était uniforme dans toutes les saisons , si ce n'est lorsqu'il mangeait à la table des évêques.

Il choisissait pour le sujet de ses prédications les grandes vérités du christianisme ; il parlait surtout

du sacrement de pénitence, et des dispositions nécessaires pour le bien recevoir ; il instruisait les
riches sur les moyens de sanctifier leurs richesses, et
de se sanctifier eux-mêmes au milieu de l'abondance ; il apprenait aux pauvres le saint usage qu'ils
devaient faire de leur pauvreté, quels étaient les desseins de Dieu dans les adversités qu'il envoyait aux
hommes ; et proportionnant ses expressions à l'intelligence de ses auditeurs, tantôt il s'abaissait jusqu'au
langage des habitants de la campagne, tantôt il élevait les esprits par la noblesse de ses pensées, et par
la force de cette haute éloquence, qui persuade, qui
touche et qui entraîne.

Cette prudence apostolique le faisait rechercher
également par les évêques et par les peuples. Il entretenait les prélats en particulier sur les devoirs de leur
charge, et il était appelé au milieu des chapitres
et des assemblées ecclésiastiques pour rappeler au
clergé les obligations du sacerdoce. Ses prédications
étaient suivies de conférences, dans lesquelles chacun lui proposait ses doutes sur l'observance des
saintes règles, sur l'obéissance qu'on doit aux supérieurs, sur les sacrements de l'Eglise et sur divers
points de la morale chrétienne. Les uns lui faisaient
des demandes captieuses pour le surprendre dans
ses paroles ; les autres, des questions embarrassantes
pour mettre sa science à l'épreuve ; quelques-uns
pour s'instruire de leurs devoirs. Norbert, qui pé-
nétrait les desseins les plus secrets, leur répondait
à tous avec force et avec une grande liberté évangélique. Les miracles qui accompagnaient sa parole,
relevaient la dignité de son ministère, et l'ascendant
de sa vertu ajoutait un grand poids à ses discours.

Les peuples, avides de ses sermons, le suivaient
en foule dans ses voyages, afin de goûter plus long-
temps le bonheur de l'entendre; en sorte qu'il était
souvent obligé, pour satisfaire à leur dévotion, de
demeurer dans les places publiques, et d'y passer
même les nuits. Il aimait mieux souffrir l'incommodité des saisons que de se rendre moins abordable en
logeant dans la maison des principaux de la ville ou
du bourg où il était invité.

Son zèle et son application à travailler au salut
des peuples ne lui faisaient pas oublier le soin de
perfectionner Hugues, son disciple. Les moments
d'intervalle et de repos que la nuit aurait pu donner
à son zèle, il les consacrait à l'éducation de son
élève. Il l'animait à la patience, à l'humilité, à
la sainte vertu de pauvreté.

« Que cette vertu, lui disait-il, ne vous rebute
pas, mon frère : Jésus-Christ en a porté tout le poids;
n'ayez pas horreur d'embrasser ce que notre Dieu a
pratiqué le premier. Saint Laurent versa dans le sein
des pauvres les trésors de l'Eglise ; imitez sa conduite
dans la dispensation que vous allez faire de vos biens.
Le dépouillement généreux que je vous conseille,
n'est pas au goût de la cupidité, mais il est de la
plus grande utilité pour la prédication de l'Evangile.
S'il en coûte à la nature de renoncer à tout, un vrai
pauvre d'esprit est récompensé dès ce monde par l'onction de la grace et par les soins paternels de la Providence. Ne rougissez pas des humiliations ; elles sont
le germe de la gloire. Soyez attentif à la garde de
votre chasteté ; c'est une vertu qui vous transformera
en ange. Soyez prompt aux ordres de l'obéissance ;
c'est par elle que vous vous éleverez à l'intelligence

des grandeurs de Dieu. Armez-vous de patience dans les adversités ; elles sont le partage des élus. Ne vous attendez pas à un sort plus heureux que celui des Apôtres; vous êtes l'héritier de leur ministère , vous devez l'être aussi de leurs souffrances. »

Ces exhortations enflammaient le cœur de Hugues. La piété de Norbert lui facilitait la pratique de ses conseils. Il en étudiait les manières et les vertus , afin d'être imitateur de sa perfection aussi bien que de son emploi.

Nos deux apôtres, qui avaient parcouru le diocèse de Cambrai, jugèrent qu'il était temps de répandre la parole dans leur propre pays. Le diocèse de Liège se présentait le premier sur leur route; ils s'y arrêtèrent , et commencèrent leur mission à Fosse. L'austérité de leur vie , le succès de leurs prédications publièrent aussitôt leur arrivée dans la province, et leur attirèrent de toutes parts des auditeurs. Les ecclésiastiques, qui apprirent les fruits que Dieu opérait par Norbert , vinrent profiter de ses discours. Ils reconnurent que le vertueux missionnaire avait le talent de remuer les cœurs, et surtout de réconcilier les ennemis. Ils le prièrent de vouloir être le médiateur d'une paix que l'on avait jusqu'alors inutilement tenté de rétablir entre deux familles irréconciliables. Déjà plus de soixante personnes avaient péri par le fer de la vengeance , et d'horribles meurtres ensanglantaient tous les jours le pays , sans que l'autorité des magistrats ni les prières des gens de bien eussent pu désarmer cette fureur de vengeance.

Pendant qu'on racontait à Norbert l'histoire de tant de massacres, un jeune homme , dont le frère avait été tué dans la semaine , et dont il allait ven-

ger la mort, passa devant le saint ; on l'en avertit.
Alors le missionnaire pria le jeune homme d'approcher ; il l'embrassa avec tendresse, et lui parla de la sorte : « Je suis un voyageur nouvellement arrivé dans votre ville, je n'y ai encore rien demandé ni rien reçu de personne depuis mon séjour : vous êtes le premier à qui je m'adresse pour vous prier d'une grace ; vous me paraissez d'un caractère trop obligeant pour me refuser une faveur qui dépend de vous et que je vous conjure de m'accorder. » A ces mots, le cœur du jeune homme fut attendri, et les larmes aux yeux : « Commandez, dit-il, mon père, je suis prêt d'obéir. — Hé bien, lui répliqua Norbert, je vous demande grace pour le meurtrier de votre frère.»

A ces mots, le cavalier brisant ses armes, sacrifia sa vengeance au commandement de Norbert.

Ce n'était point assez d'avoir calmé ce frère irrité, il fallait faire mettre bas les armes à plusieurs autres qui devaient s'assembler à Moustier, à douze lieues de Namur, pour y vider leur querelle. Norbert s'empressa d'y aller. Les peuples voisins, qui savaient le sujet de son voyage, le suivirent. A son arrivée, il donna ses premières heures à la prière. Comme l'œuvre qu'il méditait était difficile, il s'y prépara par une oraison plus fervente et plus prolongée. La foule, qui l'attendait avec impatience, se plaignit de sa longueur. On supplia Hugues d'avertir le saint qu'il était près de midi, et qu'il lassait, par ses retardements, la patience du peuple. Hugues, naturellement timide, craignait d'interrompre Norbert ; mais, vaincu par l'importunité de l'assemblée, il se hasarda d'entrer dans la chambre où priait le missionnaire, et de lui dire à l'oreille qu'une multitude immense était réunie pour l'entendre; qu'on commençait à se fatiguer d'un si long retard, et que s'il différait de se montrer, il resterait sans auditeurs. Norbert, comme s'il fût sorti d'un profond ravissement, lui répondit que l'heure n'était pas encore venue; qu'il appartenait à Dieu de prescrire le temps de parler aux hommes, et non pas aux hommes de prévenir les ordres de Dieu.

Il continua sa prière pendant quelque temps; puis il sortit de sa retraite, le visage rayonnant comme un autre Moïse. Il entra dans l'église. Comme c'était un samedi, jour qui dès lors était dédié à Marie [1], il dit une messe en l'honneur de la sainte Vierge. Ensuite il en recommença une autre pour le repos des âmes de ceux dont la mort avait allumé la guerre dans la province [2].

[1] Cette dévotion du samedi, depuis le concile de Clermont, sous Urbain IV, était passée en coutume générale dans l'Eglise.

[2] Il n'était ni nouveau ni extraordinaire de célébrer deux messes dans un même jour. Les conciles, qui favorisaient cette pratique, furent obligés de la modérer dans la suite. Le concile de Solgenstad, sous Aribon, archevêque de Mayence, défendit aux prêtres de célébrer plus de trois messes par jour. Eude, évêque de Paris, retrancha cette permission dans ses règlements synodaux, et la limita au seul cas de la nécessité. Mais ces statuts particuliers ne purent préjudicier à un usage public, que les papes avaient épargné dans leurs décisions; il subsistait encore du temps de saint Norbert. Lors même que la discipline vint, long-temps après, à varier, elle apporta quelque tempérament à la défense de célébrer plus d'une messe par jour : le concours des pèlerins, la pénurie des prêtres, les besoins des malades, le repos et le soulagement des morts étaient des raisons de dispense; le jour de la fête de Noël, l'Eglise convie encore tous ses ministres à célébrer trois messes. Ainsi il est inutile de recourir à la prétendue permission de Gélase, pour autoriser les deux messes que saint Norbert dit à Moustier; la pratique des églises justifiait sa conduite, et le succès qui suivit sa dévotion fait assez voir qu'elle était agréable à Dieu.

Après qu'il eut achevé sa seconde messe, il monta en chaire. Quoique la plupart de ceux qui étaient accourus pour l'entendre fussent sortis de l'église et disséminés dans la ville, afin d'y prendre quelque nourriture, le saint ne laissa pas de prêcher. Sa voix, que le jeûne avait rendue si languissante, qu'on pouvait à peine l'entendre dans l'auditoire, retentit avec tant d'éclat jusque dans les maisons les plus éloignées, que chacun, étonné de ce prodige, abandonna le soin du corps pour se rassasier du pain de la parole.

Le retour du peuple dans le lieu saint ranima le zèle du missionnaire : « Vous savez, mes frères, dit-il, que Jésus-Christ ordonna à ses disciples d'annoncer la paix partout où ils iraient prêcher l'Evangile. Nous avons l'honneur, mes chers frères, par un pur effet de la grace, et non point par nos propres mérites, d'être les héritiers du ministère des disciples de Jésus-Christ. Nous venons aujourd'hui, à leur exemple, vous apporter la paix. C'est là le motif qui m'a conduit dans votre ville, et qui vous rassemble dans votre église. Dieu me commande de vous l'offrir de sa part, et il vous ordonne de l'accepter. Vous opposerez-vous à un bien qui doit être la source de votre félicité ? Ah ! craignez, mes frères, qu'en refusant la grace que je vous présente, vous n'irritiez la colère d'un Juge, après avoir méprisé la miséricorde d'un Père. »

Les habitants qui étaient présents à ce discours, joignant leurs voix à celle de toute l'assemblée, interrompirent Norbert. Ils crièrent qu'ils étaient disposés à recevoir la paix aux conditions qu'il lui plairait de prescrire. Incontinent, Norbert sortit de l'église, appela devant lui les deux partis, et les engagea à ratifier leur promesse par un traité solennel. Il fit ensuite apporter des reliques, sur lesquelles on jura une réconciliation éternelle.

Après avoir rendu la tranquillité à ce pays, le zélé missionnaire passa à Gemblours, petite ville du Brabant. Son abbaye est fameuse par les habiles écrivains qu'elle a donnés à l'Eglise, mais plus illustre encore par la sainteté du bienheureux Guilbert, qui en fut le fondateur. Norbert y apprit que deux seigneurs du voisinage se faisaient une guerre cruelle, qu'ils réduisaient en solitude tous les lieux où ils portaient leurs armes, que les cruautés et les rapines qu'ils exerçaient avaient contraint les habitants des villages à fuir et à s'exiler.

A cette nouvelle, il vole comme un ange de paix, il rend visite à l'un des deux seigneurs, lui représente que la puissance qu'il a reçue de Dieu ne doit pas servir à l'oppression de ses sujets, que c'est abuser de son autorité que de l'employer à la ruine de ses voisins, qu'il n'y a pas de grace à espérer de Dieu, s'il refuse le pardon à son ennemi. Ce seigneur, attentif aux discours de Norbert, avait sans cesse les yeux fixés sur son visage. Il admire la modestie et la générosité d'un inconnu, qui lui parle avec tant de liberté, et qui lui remue si vivement le cœur par ses paroles. Sentant alors une émotion qui n'avait rien de naturel : « Je remets entre vos mains, dit-il, les intérêts de mon honneur et de ma conscience; je suis disposé à recevoir la paix, pourvu que mon ennemi cesse de me faire la guerre. »

Norbert, assuré de la bonne foi de ce seigneur, alla trouver son adversaire ; c'était un homme fier et

brutal. Il rejeta les propositions d'accommodement,
et déclara qu'il était résolu de se venger ou de mourir. Cette réponse affligea sensiblement Norbert. Il
vit en esprit le malheur qui devait bientôt punir
l'opiniâtreté du vindicatif. Il s'en ouvrit sur l'heure
même à Hugues, et lui dit : « L'insensé n'attendra
pas long-temps le châtiment de son crime. Dans peu
de jours, livré à la discrétion de son ennemi dont il
méprise les offres, il implorera en vain la clémence
de son vainqueur. » L'évènement répondit à la prophétie. Norbert ne fut pas arrivé à Couroy, qu'il apprit la fin déplorable du malheureux gentilhomme.

Couroy n'est éloigné de Gemblours que d'une lieue.
Norbert, qui ne rencontrait aucune bourgade sur son
passage qu'il n'y annonçât le royaume de paix, s'informa s'il y avait quelque discorde dans les familles,
ou quelque dissension parmi le peuple. On lui indiqua deux anciens ennemis qui se trouvèrent par ha-
sard dans l'assemblée ; il leur adressa la parole et les
pria par le sang de Jésus-Christ de terminer leurs
différends à l'amiable.

L'un d'eux, qui tenait un haut rang dans le pays,
persuadé qu'il était de son honneur de ne pardonner
jamais, se moqua des exhortations de Norbert, sortit
brusquement de l'église, et monta à cheval ; mais il eut
beau presser sa monture à grands coups d'éperon, il
ne put la faire avancer d'un pas. La main invisible du
Seigneur, qui poursuivait ce rebelle, rendit ses efforts
inutiles. Le peuple, qui entendit de l'église les emportements du cavalier, et qui vit les fougues de son
cheval, sortit et admira la puissance de Dieu dans
la vertu de son ministre. Le gentilhomme reconnut
lui-même qu'il résistait en vain à l'aiguillon ; il des-

cendit de cheval, chargé d'une confusion salutaire, se prosterna devant Norbert, et d'une voix entre-coupée de soupirs, détesta son crime et se réconcilia publiquement avec son ennemi.

C'était ainsi que le saint missionnaire travaillait avec un zèle infatigable dans le pays de Liège, sous l'autorité de Gélase ii, quand il reçut la nouvelle de la mort de ce pontife, qui s'était retiré dans l'abbaye de Cluny, sous la protection du roi de France. Guy, archevêque de Vienne et cardinal, lui succéda. Le nouveau pape prit le nom de Calixte ii, et fut consa-cré par l'évêque d'Ostie.

Les premiers soins de Calixte furent de rétablir la paix, et d'engager l'empereur Henri v à tenir la pa-role qu'il avait donnée avec serment de terminer par un traité pacifique les brouilleries qu'il fomen-tait depuis si long-temps dans l'Eglise. Guillaume de Champagne, évêque de Châlons, si renommé dans l'histoire de ce siècle, alla avec Ponce, abbé de Cluny, par ordre de Calixte, trouver l'empereur à Strasbourg, afin d'entrer en négociation. Le projet de paix fut concerté. Henri s'avança jusqu'à Mouzon, où le pape vint le joindre pour consommer cette importante affaire; mais l'inconstance éternelle du prince fit tout échouer. Ainsi, comme il continuait toujours de lasser, par ses prolongations et par ses détours, la patience de l'Eglise, le pontife retourna à Reims, où un concile était indiqué pour le 21 octobre, et où sa présence était souhaitée.

Norbert eut avis et de l'élection de Calixte, et de la convocation du concile. Il se mit en marche avec Hugues, pour venir demander à Reims la continuation des pouvoirs qu'il avait reçus de Gélase. Il y arriva sur la fin d'octobre. Soit que les affaires de l'Eglise universelle occupassent uniquement le souverain pontife, soit que le pitoyable état d'un homme négligé, pauvre, marchant nu-pieds, eût rebuté les gardes, il ne put obtenir d'être présenté au souverain pontife, et se détermina à quitter la ville, résolu d'attendre une occasion plus favorable.

Il était déjà à deux lieues de Reims, près de l'abbaye de Saint-Thierry, assis sur le grand chemin, prenant un peu de repos, et se délassant à converser avec Hugues son disciple et un autre clerc qui s'était joint à eux, lorsqu'il entendit deux voix dans l'air qui criaient : *Voilà Norbert et son compagnon*, et qui se répondaient par écho : *Voilà Norbert et son compagnon*. Le saint s'éloigna de la grande route, observa de toutes parts s'il découvrirait celui dont il avait entendu la parole. Il n'aperçut personne ; mais un quart-d'heure après, il remarqua l'équipage de Barthélemy, évêque de Laon, qui allait au concile.

Barthélemy était un prélat des plus illustres et des plus pieux de son siècle. Ayant aperçu les pèlerins, un sentiment intérieur lui fit naître le désir de les connaître. Il quitta le chemin, s'approcha d'eux, les interrogea sur le sujet de leur voyage, sur leur naissance, sur leurs desseins, sur leur patrie. Norbert l'éclaircit sur toutes ses demandes, et lui dit qu'il était originaire de la Basse-Lorraine ; qu'ayant renoncé à ses biens, à ses parents et au siècle, il avait résolu d'embrasser la vie apostolique, qu'il était venu à Reims pour obtenir du souverain pontife la permission de continuer l'exercice du ministère que Gélase lui avait confié, mais que le grand concours de per-

sonnes qui entouraient sa sainteté, ne lui avait pas
permis de l'approcher.

Barthélemy les invita de retourner avec lui, et leur
promit d'être leur introducteur près du pape. Norbert accepta ses offres. Aussitôt l'évêque fit mettre
pied à terre à deux de ses domestiques, et engagea
Norbert et son disciple à se servir de leurs montures.
Pendant le chemin, Barthélemy tira Hugues à l'é-
cart, le priant de l'instruire à fond des choses qu'il
n'avait apprises qu'en général. Hugues lui détailla
avec simplicité toutes les circonstances de la vie et
de la conduite de son maître ; il lui dit que Norbert,
issu d'une famille illustre, était né avec de grands
biens, mais que l'amour de la pauvreté lui avait fait
abandonner son patrimoine et un canonicat de Cologne, pour suivre Jésus-Christ dans un dénûment
entier. Barthélemy conçut dès lors la plus haute idée
de la vertu de Norbert ; il en rendit compte au pape
dès sa première entrevue ; et il le supplia de le recevoir à son audience.

Calixte, qui n'avait encore rien su de l'arrivée du
saint, souhaita vivement de le voir. Norbert, devant
le saint Père, parut avec les habits de sa pénitence,
et entretint sa Sainteté de ses missions. Il lui rendit
compte de ses divers voyages, et le pria de lui permettre
de continuer les travaux qu'il avait entrepris pour la
gloire de l'Evangile et le salut des pécheurs.

Le pape lui accorda tout ce qu'il lui demandait,
avec de grands témoignages d'estime et d'affection.
Il fut aussi comblé de caresses et des honnêtetés de
tous les prélats du concile. Il y en eut qui l'exhor-
tèrent à modérer l'austérité de sa vie, mais ils ne purent rien gagner sur lui.

Barthélemy, qui avait formé le dessein de fixer le
saint homme dans son diocèse, le retint auprès de sa
personne, et se servit de ses conseils durant le concile. Lorsqu'il fut terminé, le prélat conduisit Norbert à Laon. Là, il attendit le pape, qui avait choisi
cette ville pour s'y reposer des fatigues de ses voyages.
Le souverain pontife n'y trouva rien de plus agréable
que la conversation de Norbert ; il le garda près de
lui pendant son séjour, appréciant à loisir les rares
talents de son esprit et la sainteté de ses mœurs.

Barthélemy, plus que jamais convaincu du mérite
de notre saint, demanda au pape la permission de le
retenir dans son diocèse, pour qu'il établît la réforme
parmi les chanoines réguliers de Saint-Martin de
Laon. Calixte lui accorda sa demande ; mais les chanoines, qui avaient perdu l'esprit de leur saint état,
ne voulurent point se soumettre aux saintes règles de
la discipline, et Norbert, voyant l'impossibilité, du
moins pour le moment, de ramener au bien ces hommes opiniâtres, conjura l'évêque de le décharger du
gouvernement de l'abbaye.

LIVRE SECOND

Saint Norbert est conduit à Prémontré par l'évêque de Laon.
— Il y fonde la première maison de son ordre. — Il prêche à
l'académie de Laon, puis à Cambrai , à Nivelle et à Cologne. —
Découverte du tombeau de sainte Ursule. — Fondation de l'abbaye
de Floreff. — La règle de saint Augustin est adoptée à Prémontré.
— Construction de l'Eglise. — Etablissement de monastères de
vierges. — L'institut s'étend en Allemagne. — Saint Godefroy et
l'abbaye de Cappenberg. — Le comte de Champagne est touché
des prédications de Norbert. — Hérésie de Tranchelem vaincue
et chassée d'Anvers.

Barthélemy, craignant de voir s'éloigner de son
diocèse l'homme apostolique dont il regardait la présence comme une source de bénédictions pour ses
ouailles, le conjura de choisir lui-même un lieu où
il pût établir un monastère, et le conduisit à Foigny.

Foigny était une retraite charmante, féconde en
pâturages, environnée de bois et de champs fertiles,
arrosée de ruisseaux, et distante de Vervins d'en-
viron deux lieues. Norbert en trouva la situation saine
et commode ; mais comme, dans les affaires du salut,
il ne consultait pas sa raison seule ni son penchant,
il se mit en prières pour connaître la volonté de

Dieu. Après son oraison, il dit à Barthélemy que Foigny paraissait favorable à la vie religieuse, mais que ce n'était pas le lieu que le Seigneur lui avait destiné.

Barthélemy, qui ne cherchait qu'à peupler les déserts et à rétablir la ferveur monastique, y envoya un an après une colonie de religieux de Saint-Bernard, sous la conduite de l'abbé Renaud.

Au sortir de Foigny, l'évêque passa à Thenaille. Ce séjour était fort au goût de Norbert; mais ayant demandé à Dieu ses lumières dans l'oraison, il comprit que ce n'était pas encore le lieu où la Providence voulait qu'il s'établît. Dix années après, Gautier, premier abbé de Saint-Martin, y fonda une abbaye par les bienfaits de Barthélemy, et nomma Valfride pour la gouverner.

Il y avait au fond de la forêt de Coucy un petit vallon, que la nature semblait avoir formé pour servir de réservoir aux eaux qui tombaient des montagnes, et qui en rendaient le séjour aussi malsain que les approches en étaient difficiles. Cette retraite, au milieu d'un marais flottant, ensevelie dans des bois épais, couverte de rochers et de montagnes qui lui dérobaient la lumière du soleil, et que la nature semblait avoir voulu dérober aux yeux du monde, fut le lieu où, dans ses recherches, Norbert pénétra. Cette vallée se nommait Prémontré.

On voyait dans ce réduit sauvage une chapelle ruinée, dédiée à saint Jean-Baptiste, où les religieux de Saint-Vincent-de Laon venaient autrefois dire la messe, avant que les paysans, rebutés par l'horreur du lieu et par la stérilité du terroir, eussent abandonné Prémontré. Barthélemy et Norbert entrèrent dans la chapelle pour y prier. Norbert, saisi de l'esprit de Dieu, fut incontinent ravi en extase, et demeura dans ce ravissement jusqu'à ce que Barthélemy, sentant la nuit approcher, l'eût averti que s'il tardait plus long-temps il serait obligé de coucher dans la forêt. Le saint, revenant à lui, le supplia de le laisser la nuit en prière. Barthélemy, le lui ayant accordé, remonta à cheval, et vint en diligence à Anisy, d'où il lui envoya des vivres. Mais une âme rassasiée des délices des anges n'a pas besoin des aliments corporels. La longueur de la nuit s'écoula comme un moment rapide; le saint fut étonné de revoir, dès le matin, Barthélemy, qui vint troubler la tranquillité de son oraison, afin d'apprendre ce que Dieu lui avait inspiré.

Norbert, transporté de joie à la vue de Barthélemy, s'écria : « Ici est le lieu de mon repos et le port de mon salut. C'est ici que je dois chanter les louanges du Seigneur, avec des fidèles serviteurs que le Ciel rassemblera autour de moi pour y publier ses miséricordes. Cependant cette chapelle ne sera point l'église principale du monastère, il y en aura une autre qui sera bâtie au-delà de la montagne. J'ai vu en esprit pendant l'oraison une troupe de pèlerins vêtus de robes blanches, portant en mains des croix et des encensoirs, et qui m'indiquaient la place où Dieu souhaitait que nous élevassions un temple à son honneur. »

Ce ne fut pas sans un dessein particulier de la Providence, que parmi tant de lieux solitaires du diocèse de Laon, le nouveau patriarche choisit le désert de Prémontré pour y jeter les fondements de son ordre. Le Ciel, qui lui en donna la pensée, lui fit connaître qu'un ordre qui devait avoir la pénitence en partage et la prédication pour emploi, ne devait prendre sa naissance que dans une solitude consacrée à Jean-Baptiste, le modèle et le prédicateur de la pénitence.

Barthélemy, content du choix de Norbert, ne songea plus qu'à lui procurer la possession de Prémontré. Il s'adressa à Albéron, abbé de Saint-Vincent, et obtint facilement son acquiescement; mais, pour ne pas anéantir la donation que l'évêque Elenaud en avait faite à cet abbé, il ne voulut l'accepter que par un traité d'échange [1].

Norbert se mit en possession de sa chère solitude en l'an 1120. Barthélemy ne cessa point de donner

[1] Voici le texte de l'acte de transfert que l'évêque fit de la terre de Prémontré à saint Norbert.

« Barthélemy, par la grace de Dieu, évêque de Laon. L'église de Saint-Vincent ayant reçu, de la libéralité de mon prédécesseur Elenaud, le lieu dit vulgairement Prémontré, comme il parait par la charte de donation, et les moines l'ayant habité long-temps et cultivé sans presque en retirer aucun profit, j'ai prié l'abbé Albéron et ses moines de m'abandonner en propriété ce lieu, pour que je pusse en disposer en toute liberté. Ils me l'ont accordé volontairement; et nous, par reconnaissance de cette grace, leur avons cédé l'église du Bac-à-Berry, comme aussi le droit de percevoir annuellement un demi-muid de blé sur le moulin de Broincourt. Or, faisant réflexion que Prémontré était un lieu très-propre pour y établir des religieux, nous l'avons donné pour toujours à frère Norbert, à ses disciples et successeurs. Mais, comme le frère Norbert ne veut rien ôter à personne, il n'a point voulu se mettre en possession de Prémontré avant que l'abbé Seifroy et ses moines n'eussent ratifié l'échange par un consentement unanime; ce qu'ils ont fait. Et afin que le transport qui leur a été fait ne puisse pas à l'avenir être changé ou révoqué, j'ai fait apposer à cet acte mon image, avec le sceau de Sainte-Marie-de-Laon, dans le chapitre de Sainte-Marie, l'an de l'Incarnation de Notre-Seigneur 1121. etc. »

tous les jours de nouvelles marques de son amitié et
de sa protection à ce vertueux solitaire. Il pourvoyait
à sa subsistance et à celle de ses deux compagnons.

Les serviteurs de Dieu ne furent pas long-temps
enfermés au désert, sans répandre dans tout le voisinage l'odeur de leur sainteté. Leur exemple leur atti-
rait des admirateurs, et leur prédication enlevait au
monde ses partisans. Norbert allait jusque dans les
villes faire des conquêtes. Dans un voyage qu'il fit
à Laon, il y gagna sept disciples par un sermon qu'il
prononça dans la célèbre école du docteur Raould.

Raould était frère du savant et pieux Anselme,
doyen et écolâtre de la cathédrale de Laon, qui fut
la lumière de son siècle et de l'Eglise. Les hommes
illustres, qui sortirent de son école, firent honneur
à la capacité du maître. On compte parmi ses disciples Guillaume de Champeaux, évêque de Châlons; Albéric, archevêque de Bourges; Guillaume,
archevêque de Cantorbéry; Gilbert de la Porée,
évêque de Poitiers; Hugues, chanoine régulier de
Toul, et une infinité d'étrangers que le seul nom
d'Anselme rassemblait de toute l'Europe dans la flo-
rissante académie. Il la gouverna jusqu'en l'année
1117. Raould, son frère, succéda à son emploi d'é-
colâtre, et fut l'héritier de sa doctrine et de sa réputation. Quoique l'Université de Paris commençât dès
lors à balancer la gloire de l'académie de Laon par
le mérite des professeurs qu'Anselme lui avait formés,
Raould ne laissa point de soutenir avec éclat la renommée de son école. Les pays étrangers, et surtout
la Lorraine, y envoyaient leur jeunesse pour l'instruire
dans la science et dans la piété.

Norbert entra un jour dans cette savante académie,

fit une exhortation aux jeunes disciples de Raould,
et toucha le cœur de sept Lorrains, enfants de qualité, qui le suivirent à Prémontré. La joie qu'il sentit
de l'accroissement de sa compagnie, fut presque aussitôt troublée par l'abandon du clerc qui s'était
donné à lui, à son retour de Reims.

Norbert prévint les mauvaises suites de cette désertion, qui avait été accompagnée de déplorables
circonstances, et il rassura les siens par ses discours.
Il leur dit que « les sociétés les plus saintes étaien
exposées aux grandes tentations; qu'il était sorti du
collége des apôtres le plus avare des hommes; que
les hiérarchies des anges avaient été déshonorées par
la désertion du plus élevé d'entre les esprits; qu'ils
ne devaient pas s'étonner qu'un perfide, qui s'était
laissé corrompre, comme Judas par l'avarice, et
séduire, comme Eve par le serpent dans le paradis
terrestre, eût vécu parmi eux. »

Ce fut ainsi que Norbert fortifia ses disciples
contre les dangers de la tentation. Il employa
tout l'hiver à les accoutumer aux pratiques de la
pauvreté et de la pénitence. Dès que le printemps
commença à rendre les chemins praticables, il se
mit seul en campagne pour prêcher l'Evangile et
réunir des disciples, laissant à Hugues la conduite
de ceux qui étaient déjà à Prémontré. Il vint à Cambrai pendant le carême; il y prêcha, et à son premier sermon il gagna Evermode.

Evermode était un homme de qualité, d'un esprit
pénétrant et d'une piété exemplaire. Il ne tenait au
monde par aucun attachement. Il servait Dieu avec
fidélité, mais il avait une grande ardeur de le servir
avec plus de perfection encore. Norbert, qui l'avait

ému par sa prédication, lui parut un homme propre
à aider ses pieux desseins. Il pria le saint de le prendre sous sa conduite. Le nouveau disciple imita parfaitement les vertus de son maître, il brûla comme
lui d'un zèle apostolique, eut part à la défaite des
hérétiques, éclaira les Vandales ensevelis dans les
ténèbres de l'idolâtrie, et soutint avec vigueur la
cause d'Innocent II. Son mérite l'éleva, malgré sa
résistance, à l'évêché de Ratzbourg.

Dans cette dignité, Evermode montra un courage
intrépide contre les usurpateurs du patrimoine de
Jésus-Christ; il fit voir son zèle dans le cours de ses
missions, et son pouvoir dans la délivrance miraculeuse des Frisons, que Henry, comte de Ratzbourg,
tenait dans les chaînes. Ce seigneur avait refusé leur
liberté aux prières de son évêque, et tout ce qu'il
voulut accorder à sa recommandation, fut, pendant
les fêtes de Pâques, de permettre aux prisonniers,
chargés de leurs chaînes, d'assister à la messe dans
la cathédrale. Evermode, faisant l'aspersion de l'eau
bénite, en jeta sur ces malheureux, en disant ces
paroles du prophète : « Le Seigneur délie les captifs.»
Aussitôt leurs liens se brisèrent, et les prisonniers
sortirent de l'église en remerciant leur libérateur.
Leurs chaînes, qui sont restées long-temps dans la
cathédrale en mémoire de ce prodige, ont publié la
puissance et la vertu d'Evermode. Ce monument a
subsisté jusqu'aux temps où l'hérésie, ravageant l'Allemagne, a détruit dans le sanctuaire les marques
de la religion de nos pères, et chassé de Ratzbourg
les chanoines de Prémontré, qui, depuis plus de
quatre cents ans, étaient en possession d'en remplir
l'épiscopat et les prébendes canoniales.

Tel était le bienheureux disciple que Norbert conquit à Cambrai et qu'il associa à ses travaux évangéliques. Ils partirent ensemble pour Nivelle. Là, un jeune homme appelé Antoine s'offrit de se joindre à eux. Plusieurs suivirent son exemple, de sorte qu'avant la fin du carême, Norbert retourna à Prémontré avec treize compagnons. Ayant ainsi augmenté son troupeau, il pensait sérieusement à lui donner un plan de vie régulière et uniforme ; mais ayant trouvé à son arrivée que le démon, jaloux du nouvel établissement, avait exercé sa fureur contre le troupeau pendant l'absence du pasteur, il fut obligé de tourner d'abord ses soins contre l'ennemi, et de réparer les désordres qu'il avait faits dans le bercail par les voies de la séduction.

Un jeune frère, nommé Géraud, modèle de piété, d'obéissance et de mortification, avait été une des victimes des ruses du tentateur. Il se persuada que la règle était trop sévère pour lui, refusa de se soumettre à la vie pénitente qu'il avait embrassée, et sous prétexte d'infirmités, qui n'existaient que dans son imagination, il rompit le jeûne, même en temps de carême, et scandalisa toute la communauté par son immortification. Au retour de Norbert, Hugues l'instruisit de la chute du jeune Géraud et lui découvrit la triste situation du malade. Le saint entreprit sa guérison. Il le reçut avec bonté, l'embrassa avec affection, l'arrosa de ses larmes, mais il joignit aux marques de la tendresse d'un père la sévérité d'un juge ; il lui ordonna de faire pénitence, et lui en prescrivit les règles. Géraud les accepta avec soumission, les accomplit avec ferveur et devint dans la suite digne d'être le premier abbé de Clairfontaine, à la fondation de cette abbaye.

La conversion sincère de Géraud produisit un excellent effet sur tout le monastère ; et, graces aux saintes instructions et aux charitables avertissements du fondateur, tout y rentra dans l'ordre.

Vers la fin du mois d'avril, Norbert partit pour Nivelle. Le succès heureux dont Dieu avait favorisé une première mission dans cette ville, lui faisait espérer une moisson encore plus ample; mais, au lieu de voir le peuple disposé à recevoir les paroles du salut, il le trouva étrangement irrité. Des disciples du saint, qui n'avaient pu s'accommoder aux austérités de Prémontré, étaient retournés mécontents à Nivelle et y avaient décrié la vertu de Norbert et la sainteté de son ordre, afin de cacher aux yeux des hommes la honte de leur défection. Le peuple, toujours enclin à croire le mal, s'était si fort laissé prévenir par leurs impostures, qu'il ne pouvait ni souffrir la présence ni entendre la voix du missionnaire.

Le saint, accoutumé à être traversé par le démon dans ses pieux desseins, connut qu'il ne cherchait qu'à rendre le ministère infructueux en décriant le ministre. Il s'arma de patience et de courage contre les injures qu'il avait à essuyer: il mit entre les mains de la Providence le soin de venger l'affront fait à l'honneur de son apostolat, et attendit de la miséricorde le moment qui dissiperait les calomnies.

Il arriva, ce moment, et l'occasion fut mémorable. Il y avait à Nivelle une jeune fille possédée du malin esprit depuis un an. Le démon la tourmentait si cruellement que l'on était obligé de la tenir renfermée. Souvent, après avoir rompu les liens qui l'attachaient, elle enfonçait les portes et déchirait sans pitié tout ce qui s'opposait à sa colère. Ses parents étaient inconsolables. Sa guérison était réservée à Norbert. On lui amena l'enfant à l'église, où toute la ville était accourue. Norbert chassa le démon, qui obéit, non sans résistance, à la voix puissante du serviteur de Dieu.

Cette action prodigieuse, opérée à la vue de toute la ville, acquit autant d'admirateurs à Norbert, qu'elle eut de témoins. Chacun publiait que c'était un homme apostolique, l'héritier de la puissance et du zèle des apôtres. L'humble missionnaire, qui renvoyait à Dieu seul la gloire de ses miracles, se déroba aux acclamations publiques, et passa à Cologne, où il était appelé par une inspiration secrète.

Son arrivée fit plaisir à l'archevêque Frédéric, et fut une source de graces pour son peuple. Le nom de Norbert, le souvenir de ses emplois et de ses richesses, l'état présent de sa pauvreté, et son changement de conduite lui attiraient la vénération et la confiance du peuple et du clergé. On courait en foule à ses sermons, on se croyait sûr de son salut quand on avait pu se confesser à lui, ou être reçu au nombre de ses disciples. Il passa plusieurs jours à instruire et à confesser ; et, après avoir satisfait à la piété publique, il songea à satisfaire sa dévotion particulière.

Norbert avait formé le dessein de bâtir une église à Prémontré. La chapelle de Saint-Jean était trop petite pour une communauté qui s'accroissait tous les jours. D'ailleurs, l'antiquité de l'édifice faisait craindre une ruine prochaine ; il était temps de construire une église assez spacieuse, pour contenir

les colonies nombreuses qui abordaient à Prémontré. '
Pour l'exécution de ce projet, il était allé à Cologne, ville rougie du sang des martyrs, et enrichie de
leurs reliques. Là, il demanda à Frédéric la dépouille
de quelqu'un des premiers défenseurs de la foi.
Frédéric acquiesça à ses prières, et le Ciel, favori-
sant les désirs de Norbert, lui découvrit dans une
apparition le tombeau de sainte Ursule, qui jusqu'alors avait été inconnu.

Le jour suivant, 13 octobre, il s'adressa au prévôt
et aux chanoines de Saint-Gerçon pour obtenir d'eux
des reliques de leur église. Ceux-ci lui permirent
de faire creuser la terre dans les endroits où les corps
des martyrs reposaient.

Le saint se prépara à cette action par la prière
qu'il fit durant toute la nuit. Le matin, conduit
par l'inspiration du Saint-Esprit, il entra dans le
monastère de Saint-Gerçon, indiqua le lieu où il
souhaitait qu'on ouvrît la terre ; et quoi qu'il n'y eût
aucun vestige de sépulture, il assura que c'était là
l'endroit où reposait le corps de la sainte, dont le
chef était gardé depuis long-temps dans le sacraire.
On trouva en effet ce précieux corps avec toutes
les marques de son supplice et de sa gloire. On
le leva avec beaucoup d'appareil, au bruit des
acclamations publiques ; et par reconnaissance du
bienfait que Norbert avait procuré à la ville, elle lui
permit de prendre part à son trésor. Il en emporta
une partie, et fut suivi de plusieurs disciples qu'il
avait engendrés à Jésus-Christ par l'Evangile.

Ils sortirent ainsi de Cologne, sur la fin d'octobre.
Leur voyage fut une suite continuelle de prodiges.
Partout où les reliques s'arrêtaient, Dieu accordait

des graces et des bénédictions. Ermensende, épouse de Godefroy, comte de Namur, sachant qu'elles devaient passer sur ses terres, vint les recevoir elle-même avec les plus grands honneurs.

Cette princesse était fille de Conrad, premier comte de Luxembourg. Elle avait épousé en premières noces Albert, comte d'Asbourg, neveu du pape Léon ix, et en secondes noces elle était mariée à Godefroi, fils d'Albert, troisième comte de Namur. Ermensende, qui avait une piété égale à sa naissance, recherchait avec empressement la connaissance de Norbert, que la réputation de sa doctrine et de sa sainteté lui avait rendu recommandable. Elle apprit qu'à son retour de Cologne il devait prendre son chemin par le Namurois. La comtesse devança donc son arrivée, et l'attendit à Floreff, seigneurie de sa dépendance à deux lieues de Namur. L'entretien qu'elle y eut avec Norbert augmenta si fort l'idée qu'elle avait conçue de son mérite, que, ne pouvant le retenir dans ses états, elle obtint qu'il lui donnerait quelqu'un de ses disciples, pour y établir une abbaye à Floreff.

Norbert y nomma pour premier abbé le bienheureux Richard. Ce saint homme soutint, par sa sagesse et par sa vertu, la réputation de son maître. Il devint le père spirituel de ses bienfaiteurs; et le comte Godefroi fut si vivement pénétré de ses discours, qu'il renonça au siècle pour servir Dieu dans la profession de frère convers. Ermensende imita la piété de Godefroi. Tous deux, après avoir sacrifié la noblesse de leur rang à l'humilité chrétienne, moururent à Floreff, où l'on voit leurs mausolées qui ont depuis servi de sépulture à leurs descendants.

Après que Norbert eut fait quelque séjour à Floreff
pour en régler la fondation et satisfaire la piété
d'Ermensende, il partit pour se rendre à Prémontré
avant les fêtes de Noël; il avait déterminé ce temps-
là pour la profession de ses religieux.

Jusqu'alors ses disciples avaient vécu sans aucun
engagement : l'exemple de leur chef était la règle de
leur conduite, et tous faisaient ce qu'ils voyaient faire
à leur maître. Ils avaient le but de mener une vie
apostolique; mais ils n'y étaient liés par aucune obli-
gation permanente. La charité, qui est le fondement
de tous les ordres religieux, faisait le lien de leur
société et de son gouvernement. Norbert voulut perpétuer dans son ordre l'esprit qu'il avait communiqué à ses enfants; il s'en ouvrit à ses religieux ;
il leur proposa l'exemple des Apôtres, les constitutions des saints Pères, et leur dit que leur
société serait toujours sujette aux variations et peut-
être en danger de se détruire, si elle n'était appuyée
sur des règles qui en assurassent la stabilité; que
sur cette affaire capitale il avait déjà pris conseil des
prélats et des abbés : que les uns lui avaient voulu
persuader de suivre la profession érémitique; les autres
d'embrasser la vie monastique, et de s'unir à l'ordre
de Cîteaux, qui commençait à produire ses premières
fleurs. Il ajouta que, n'ayant pas encore consulté le
Ciel sur le parti qu'il devait prendre, il les conjurait
de joindre leurs prières aux siennes pour ne rien hasarder sur le choix d'un état qui devait être l'ouvrage
du Saint-Esprit; que s'il suivait son inclination, il
préférerait la vie apostolique; mais qu'il n'y
avait point d'autre inclination à suivre que celle
que Dieu autoriserait par son approbation : qu'ainsi

ils devaient tous s'adresser à Dieu avec une sainte indifférence et dans une disposition entière de se conformer à sa volonté, dès qu'il la leur aurait manifestée.

Tous s'appliquèrent pendant plusieurs jours à de ferventes prières; ils redoublèrent leurs mortifications pour implorer les lumières du Saint-Esprit. Norbert, qui était à leur tête, les animait par ses exemples, et enfin Dieu exauçant les vœux de ses fidèles serviteurs, ils se trouvèrent tous d'accord sur le choix de la vie canonique. Saint Augustin, que Norbert vit en esprit dans l'ardeur de ses oraisons, fortifia leur choix. Alors le saint ne douta plus que désormais il devait s'attacher à la règle de ce saint docteur.

Sur ce principe, il commença le plan de son ordre. Il donna pour fin à ses enfants de vaquer, avec la grace de Dieu, au salut et à la perfection de leurs âmes; il joignit à cette fin l'emploi de la prédication et le soin de sanctifier le prochain. Persuadé que rien ne contribue davantage à notre sanctification que de nous dévouer nous-mêmes au salut des âmes, et que rien ne nous rend plus propres à sauver les âmes que de nous sanctifier nous-mêmes, il réunit, dans son institut, le silence et les austérités de la vie monastique avec les fonctions de la vie cléricale. Il prit de la première l'oraison, la retraite, l'abstinence, le chant de l'office divin; il tira de la seconde tout ce qui peut aider au salut et à la perfection du prochain : les prédications, les missions parmi les infidèles et les hérétiques, l'administration des paroisses, l'étude de l'Ecriture sainte et de la théologie, sans laquelle on ne peut s'acquitter du ministère de l'Évangile. Sur ce projet, il dressa le formulaire de leur profession, qu'ils firent tous avec lui le jour de Noël 1121.

Comme les lois ne descendent pas toujours dans le détail, et que la pratique fait naître des difficultés que toute l'attention du législateur n'a pu prévoir, il arriva, dans le commencement de l'Ordre, que quelques religieux donnèrent des interprétations à la règle de saint Augustin, pour accorder les maximes générales de ce saint docteur avec les constitutions des ordres réguliers. Il y en eut qui, par esprit de pénitence, outrèrent la sévérité du jeûne pour accomplir plus parfaitement le précepte de la mortification du corps, recommandée par la règle; d'autres, plus modérés dans leur ferveur ou trop compatissants pour la faiblesse humaine, prétendirent tempérer la rigueur de ce précepte par des adoucissements ingénieux. Les premiers voulaient introduire à Prémontré les plus rudes pratiques de la vie monastique; les seconds souhaitaient que l'on imitât la modération des autres congrégations de chanoines.

On poussa le différend jusque sur la forme, la couleur et la qualité des habits qu'on devait porter. La pénitence qu'on avait embrassée semblait exiger aux uns un habillement plus grossier; mais la profession cléricale, qui était le fondement de l'institut, semblait aux yeux des autres demander un habit conforme à celui des clercs réguliers.

Le saint, témoin de cette divergence d'opinions, s'adressa à la communauté réunie, pour ramener tous les esprits au sentiment de l'unité et de la charité.

« A quoi bon, mes chers frères, vous inquiéter?

Ne savez-vous pas que toutes les voies du Seigneur sont miséricorde et vérité? Si les routes par lesquelles il conduit les élus sont différentes, elles ne sont pas contraires. Nous changeons d'institut par notre profession; nous ne devons pas pour cela changer d'esprit. La charité nous a rassemblés; c'est elle qui continuera de nous unir. La règle que nous avons adoptée ordonne d'aimer Dieu et le prochain : voilà la base de tous les Ordres réguliers, et ce qui doit être le fondement du nôtre. Cette même règle nous prescrit le travail, le jeûne, l'abstinence, le silence, la soumission, les prévenances mutuelles ; en faut-il davantage pour la perfection? Que si l'on dispute sur la couleur, sur la grossièreté ou la finesse des étoffes, je prie ceux qui forment ces difficultés de me faire voir que la couleur, la forme et la qualité des vêtements des clercs sont déterminées par l'Evangile, par les constitutions apostoliques ou par la règle de saint Augustin. Je remarque à la vérité dans l'Ecriture sainte, que les anges qui annoncèrent la résurrection de Jésus-Christ étaient habillés de blanc. La tradition m'apprend que les pénitents ne s'habillaient que de laine ; et le Vieux Testament nous enseigne que les prêtres ne montaient jamais au sanctuaire qu'ils ne fussent vêtus de lin. J'observe aussi que, selon la pensée des Pères, les anges qui étaient au tombeau du Sauveur étaient la figure des hommes apostoliques. C'est par cette raison, mes chers frères, qu'étant destinés par notre état à porter l'Evangile, nous devons imiter par la couleur de nos habits la blancheur des anges, et ne point rougir du scandale que le monde en pourrait prendre ; mais comme nous sommes aussi destinés à la pénitence, n'ayons point de honte de l'habit des pénitents. Quand nous approcherons du sanctuaire, et que nous paraîtrons en présence du Seigneur, ne manquons pas de nous revêtir d'aubes ou de surplis. »

Tous les débats s'apaisèrent devant l'autorité de la parole du saint, et chacun se conforma avec soumission à ce qu'il jugea convenable de décider.

Mais ce qui attira surtout son attention et ce qui fut l'objet particulier de son zèle, ce fut de former ses disciples aux vertus de leur sainte vocation. Trois points principaux étaient le sujet de ses exhortations : le soin pieux de tout ce qui se rattache au culte extérieur, l'amendement de la vie et l'amour des pauvres.

« La propreté et la décence que vous conserverez, leur disait-il, pour les saints autels, feront connaître à Dieu la vivacité de votre foi. Le zèle que vous aurez à corriger en chapitre les fautes de tous les jours, rendra vos consciences pures et votre vigilance plus circonspecte. L'hospitalité que vous exercerez envers les pauvres et les étrangers fera briller votre charité, et attirera sur vos âmes l'abondance des graces célestes. Gardez fidèlement ces trois préceptes, et je vous promets, de la part de Dieu, que la Providence ne vous manquera jamais dans vos besoins. »

Le saint expérimenta lui-même la vérité de sa prédiction. Prémontré était l'asile des pauvres. Le bon accueil qu'on leur faisait, les secours qu'ils recevaient dans leurs misères, les consolations qu'on leur donnait pour les encourager à la patience, les attiraient en foule. Cependant la libéralité de Norbert n'appauvrissait pas le monastère. La Providence, qui ne permet jamais que l'abondance tarisse par les

profusions de la charité, lui fit trouver des sources
de richesses dans sa pauvreté même. Eu moins de
neuf mois, il bâtit une église magnifique, et quelque
temps après, une maison assez grande pour loger plus
de deux cents religieux. Jusque-là les enfants de
Norbert avaient habité des petites cellules de bois et
de terre, rangées en forme de camp autour de la
chapelle de Saint-Jean-Baptiste : l'incommodité du
séjour obligea Norbert de les transférer au delà de
la montagne.

Avant d'agir, le saint leur ordonna des prières,
pour connaître d'une manière tout-à-fait certaine
la volonté de Dieu sur ce point. Elle ne tarda
pas à lui être manifestée de la manière la plus évi-
dente, et le serviteur de Dieu se prépara à l'exécution du grand dessein dont le Ciel était l'auteur
et dont il devait être garant. Il fit venir des ouvriers
de Cologne, qui tracèrent aussitôt l'enceinte de
l'église. A l'ouverture des fondations on désespéra
du succès : le terrain était marécageux et mobile ;
il y avait peu d'apparence qu'on pût élever, sur un
si mauvais fond, des édifices considérables ; mais
Norbert, qui avait la puissance de Dieu pour caution,
ne fut point rebuté par les discours des hommes.
Il fit creuser les fondements, et invita l'évêque
Barthélemy à les bénir. Thomas de Marle, seigneur
de Coucy, dont la mémoire, quoique flétrie par de
grands vices, doit être respectée des enfants de saint
Norbert, qu'il honora toujours au milieu même de
ses désordres, assista à la cérémonie avec son fils
Enguerrand II, bienfaiteur de Prémontré, suivi de
plusieurs gentilshommes et d'un peuple nombreux.
Tous furent surpris de voir que, dans un lieu

sauvage, sur un sable mouvant, dans les horreurs d'une solitude affreuse, contre l'avis des architectes, on osât entreprendre des constructions aussi importantes. Leur surprise redoubla, quand au bout de neuf mois Barthélemy, accompagné de Lysiard de Crespi, évêque de Soissons, vint consacrer la nouvelle église le 4 de mai de l'année 1122.

Norbert ne s'occupait pas tellement des édifices matériels, qu'il ne donnât la meilleure partie de ses soins à la perfection des âmes ; non content d'avoir formé de saints religieux à l'Église, il voulut encore lui consacrer de saintes filles par les vœux de religion. Rieuvere, veuve de Raymond de Clastre, fut une des premières et des plus illustres. Ermengarde, comtesse de Roussi ; Agnès de Beaudemont-en-Vexin, comtesse de Braine ; Frédesinde, dame et fondatrice du Mont-Saint-Martin ; Gude, comtesse de Bonnebourg, et veuve de Louis, comte d'Arnstein ; Béatrix, comtesse d'Amiens ; Anastasie, duchesse de Poméranie ; Hudeuvige, comtesse de Clèves, et Gertrude, sa fille ; Adeluye de Montmorency, fille de Bouchard, connétable de France, suivirent l'exemple de Rieuvere. La bienheureuse Ode, touchée de leur vertu, imita leur retraite.

Les règles que Norbert prescrivit à ces saintes filles paraissaient au-dessus de la faiblesse de leur sexe. Cependant elles n'étaient pas encore proportionnées à la grandeur de leur courage. Jamais elles ne sortaient de leur clôture ; elles s'étaient interdit tout commerce avec les gens du monde ; elles ne parlaient à leurs plus proches parents qu'en présence de deux religieuses ; elles s'habillaient d'étoffes blanches, mais communes ; leur voile était d'un gros drap noir ; leur nourriture n'avait ni délicatesse ni abondance ; leur jeûne était rigoureux ; leur abstinence perpétuelle ; leur oraison fréquente. Ces austérités, qui auraient dû éloigner du nouvel institut les personnes de qualité, les attiraient de toutes parts. Leur nombre, en moins de quinze années, s'accrut si prodigieusement, qu'on en compta plus de dix mille répandues en différents royaumes. Elles avaient en France, en Hollande et en Lorraine, de très-florissantes maisons, que les cruautés de l'hérésie et la corruption du siècle ont désolées. Elles en ont conservé plusieurs autres au Brabant, en Flandre, en Allemagne, en Pologne, en Espagne et en Bohême, où elles ont vécu avec édification, quoique un peu déchues du premier esprit de sévérité que leur communiqua leur saint instituteur.

Cependant Norbert, parcourant les villes, annonçait la pénitence aux pécheurs, guérissait les malades, délivrait les possédés, convertissait les impies, fortifiait les justes. Il arriva enfin à Floreff, et remplit cette maison de graces et de consolations. Lorsqu'il y disait la messe avec cette dévotion et cette foi qui l'accompagnaient surtout à l'autel, il aperçut sur la patène une goutte du sang adorable de Jésus-Christ, plus brillante qu'un diamant. Ce miracle le surprit. Se défiant de ses yeux, il interrogea Rodolphe, son diacre, pour s'assurer de la vérité du prodige. « Voyez-vous, lui demanda-t-il, ce que je vois? » Rodolphe lui ayant répondu qu'il apercevait sur la patène une goutte de sang qui jetait une clarté éblouissante, Norbert, attendri et pénétré, versa des larmes, et acheva dans les pleurs le sacrifice qu'il avait commencé par la foi. Il passa de là à Maëstricht, où les prodiges et les conversions se multiplièrent.

Toutes les merveilles que Dieu opérait par son serviteur répandirent au loin la gloire de son nom. Les princes, aussi bien que les peuples, respectaient son pouvoir; ils chérissaient sa personne; ils se faisaient honneur de le posséder et d'obéir à ses conseils. On le conjura de venir évangéliser la Westphalie. Il accéda au désir qui lui était manifesté, et dès son arrivée il eut la consolation de faire la conquête de Godefroy.

Godefroy II était fils du comte de Cappenberg et de Béatrix de Suabe. Son sang, du côté paternel, était mêlé avec celui de Charlemagne, de Witikind, duc de Saxe, et de l'empereur Henri V. Du côté maternel, il tirait son origine des comtes d'Aldenbourg, d'Hunenbourg et des ducs de Suabe. Herman, aïeul de Godefroy, était d'une sainteté éminente. La piété, qui semblait héréditaire dans cette illustre famille, passa comme par succession à Godefroi II. Le tumulte des camps ne put flétrir l'innocence de son cœur. Il ne prit les armes contre le bourgeois de Munster qu'après avoir épuisé les voies de la douceur et de la clémence. Il réprimait les brigandages de ses soldats, et ne souffrait pas que, sous prétexte d'une guerre juste, ils exerçassent des actes d'hostilité sur des voisins pacifiques. Son château de Cappenberg était une école de modestie et de vertu. On y alliait la magnificence d'une cour avec la simplicité et le recueillement des maisons les plus régulières. Voilà quelle était la conduite de ce comte, quand Norbert vint en Westphalie : la grace qui l'avait préparé le rendit docile à la voix du saint apôtre.

Dès la première entrevue, l'âme du comté fut pénétrée des discours de Norbert, de l'exemple de sa vie, de la douceur de sa conversation, et il se déclara son disciple aussitôt qu'il eut goûté les charmes du maître.

La résolution de ce prince était généreuse; mais l'exécution était difficile. Dieu aplanit tous les obstacles. La jeune épouse de Godefroy, remplie du même esprit qui avait touché le cœur de son époux, se renferma dans une solitude, et devint abbesse d'Hervorde. Après la pacification de quelques troubles survenus dans le comté, Godefroy put jouir en paix des bénédictions du Ciel. Il consacra ses mains au soulagement des lépreux; il s'employa à la prédication du royaume de Dieu; il fit servir sa noblesse et ses grands biens à la protection et au soulagement des pauvres; enfin il passa toute sa vie dans une obéissance parfaite aux ordres de Norbert, dont il fut le disciple fidèle. L'Eglise célèbre sa fête le 13 janvier, et l'ordre de Prémontré le regarde comme un de ses plus grands saints. Ses reliques sont honorées à Ilbenstad, au diocèse de Mayence, et à Cappenberg.

Norbert fut ainsi dédommagé de ses pénibles voyages dans les duchés de Westphalie, de Berg et de Clèves, par cette illustre conquête et par l'établissement du célèbre monastère de Cappenberg. C'est encore aujourd'hui le plus fameux de la Westphalie, bien moins par ses richesses que par la qualité des religieux qui le composent, et qui n'y sont admis qu'après avoir fait preuve de cinq quartiers de noblesse paternelle et maternelle. Cette condition est aussi ancienne que la fondation du mo-

nastère ; elle fut, à ce qu'on croit, suggérée par
Théodoric de Vincelbourg, évêque de Munster, qui
s'opposa d'abord à la cession que Godefroy avait faite
de son château à Norbert ; mais qui, dans la suite,
fut le promoteur de ce pieux dessein, et consacra
l'église de Cappenberg le quinzième jour du mois
d'août de l'année 1123.

Dès que Norbert eut introduit ses religieux dans
Cappenberg, Godefroy en tira deux colonies pour
jeter les fondements de deux autres prévôtés [1].
La première fut Elfstad dans la Vétéravie, et la
seconde à Varlar, assez près de Cœsfeld, résidence
des évêques de Munster. Ces deux seigneuries relevaient du comté de Cappenberg, et appartenaient à
Godefroy. Norbert en désigna les prévôts : et, avant
de partir, il prédit à ses chers enfants la famine qui
désola peu de temps après la Westphalie et toute
l'Allemagne. Non-seulement il leur donna des preuves
de son esprit prophétique, il ajouta encore des
marques de sa puissance, par la prompte guérison
d'un religieux tourmenté d'une fièvre violente. Il alla
le trouver dans son lit pendant les ardeurs de l'accès ;
il commanda à la fièvre de sortir, et au malade
de se lever : l'un et l'autre respectèrent l'autorité de
Norbert et obéirent à sa voix.

Il était difficile que les pays étrangers ignorassent
ce qui se passait en Allemagne. Le renoncement au
monde d'un prince aussi illustre que Godefroy était
un coup trop éclatant pour pouvoir être enseveli
dans une seule province ; la renommée s'en répandit
dans le royaume de France, et Thibaut, comte de

---

[1] C'est ainsi que l'on appelle ces monastères du nom de leurs
chefs, qui sont prévôts.

Champagne, en fut touché plus que personne. Thibaut, surnommé le Grand, était fils d'Etienne, comte de Champagne et de Blois, et d'Alix ou Adèle, fille de Guillaume le Conquérant, roi d'Angleterre. Ce prince succéda aux états de son père en 1102. Il hérita, avec sa vertu et sa valeur, des biens immenses, « et d'autant de châteaux, dit Guibert de Nogent, qu'il y a de jours dans une année » Cette abondance d'honneurs et de richesses ne servait qu'à le rendre plus humble et plus charitable. Il était le père des orphelins, le défenseur des veuves, la ressource des pauvres, le refuge des lépreux, le fondateur des monastères; et toute son ambition était de mériter la gloire du ciel par le mépris des grandeurs du monde et par le saint usage des biens de la terre.

Dans cette heureuse situation, il n'eut pas de peine à se résoudre de suivre le chemin de perfection que le comte Godefroy venait de lui frayer par son exemple. Il attendit avec impatience le retour de Norbert en France, pour lui découvrir son cœur et le prier de le recevoir dans son ordre; et il se rendit à Prémontré aussitôt qu'il eut connaissance de l'arrivée de l'homme apostolique.

Tout autre, moins éclairé que Norbert, aurait donné aussitôt son assentiment à la généreuse proposition du comte; mais le saint ne voulut ni accepter ni rebuter ce nouveau disciple, qu'il n'eût consulté Dieu sur la réponse qu'il devait faire. Il savait les alliances de ce prince, et les avantages que l'état et la religion perdraient, en perdant un seigneur qui était l'appui de l'Eglise et le père des peuples. Ce motif lui parut supérieur aux raisons et à l'inclination qu'il

avait de le recevoir : le Ciel le fortifia encore dans
sa pensée. Ainsi Norbert, après quelques jours, la
manifesta au comte, qui attendait à Prémontré la
décision de son sort. « La volonté de Dieu, lui dit-
il, est que vous portiez son joug avec le joug du
mariage : voilà le genre de vie où il vous appelle.
Le Seigneur vous y comblera des bénédictions d'une
nombreuse postérité. Il ne vous est pas permis de
rien changer aux ordres de la Providence, et vous
ne pouvez vous opposer à la sagesse de ses dispositions. »

Thibaut se soumit à la réponse de Norbert comme
à celle d'un oracle.

Cependant le troupeau des fidèles était ravagé par
des loups ravissants. Un hérésiarque, nommé Tran-
chlem ou Tranchelin, avait porté dans l'Allemagne
et la Flandre le venin des plus funestes doctrines,
travaillant avec des efforts incroyables à la ruine de
la sainte Eglise, et propageant les plus grands désordres et les plus monstrueuses erreurs. Comme il
voulait accréditer sa secte, il imita le génie des
hérésiarques ; il alla à Rome avec un prêtre nommé
Evervachier, partisan de ses impiétés, dans le dessein de porter le poison de ses impostures jusque
dans le centre de la catholicité, et d'y surprendre
des lettres de communion. Ils échouèrent dans leurs
mauvais desseins, et, piqués de leur défaite, se
rendirent à Utrecht, rassemblant des disciples qu'ils
instruisirent de leurs fausses maximes, et qu'ils
armèrent contre la religion. A la tête de trois mille
fanatiques dévoués à leur parti, ils jetèrent la terreur dans toute la province.

Anvers était comme le boulevard de ces héré-

siarques. Cette ville avait complètement changé de
face : la plupart des églises détruites , les monastères
ruinés , les croix abattues , l'ancienne religion ban-
nie , les lois foulées aux pieds , la justice sans autorité , les prêtres arrachés des autels , les sacrements
profanés , formaient un spectacle affreux , et faisaient
douter si cette ville , si chérie autrefois de Dieu ,
convertie par Eloi et cultivée par Willibrode , était
encore habitée par des chrétiens ou occupée par des
infidèles.

Burchard , évêque de Cambrai , avait rétabli douze
chanoines dans l'église de Saint-Michel , fondée par
Godefroi de Bouillon , lorsqu'il était sur le point de
partir pour la conquête de la terre-sainte. Cet évêque
espérait qu'en opposant le zèle et la science de douze
prêtres aux emportements de quelques hérétiques
ignorants, il les rappellerait de leurs préventions ;
mais ces chanoines ne purent déraciner , par leurs
travaux et par leur exemple , le scandale de la maison de Dieu ; ils sentirent que leur zèle était au-
dessous de l'entreprise ; ils s'en ouvrirent à leur
évêque, qui, dans cette extrémité, n'eut point d'autre
ressource que Norbert.

Le saint était à Prémontré , lorsque les députés de
l'évêque lui représentèrent qu'une des plus belles
provinces de l'Europe gémissait sous le joug de l'hérésie ; que Dieu , après avoir abandonné ces peuples à
l'esprit d'erreur, les avait enfin regardés avec des yeux
de miséricorde ; qu'ils étaient envoyés pour l'inviter
à la conquête de ce pays désolé ; que ce grand ouvrage
était digne de son zèle , et une ample matière
de mérite ; qu'il ne pouvait, sans une espèce d'injustice, se refuser à un évêque, à un évêque son

ami, qui fondait sur lui l'espérance de la conversion d'Anvers; que Dieu, qui lui avait communiqué le don de remuer les cœurs par la force de la parole, et d'éclairer les esprits par les lumières de sa science, exigeait de lui qu'il employât à l'honneur de l'Eglise les talents qu'il avait reçus pour la gloire de l'Evangile.

Norbert, uniquement sensible aux intérêts de Dieu, écouta ce discours avec une sainte émotion; et, plein d'espérance, il accourut aux besoins de la religion. Il se rendit à Anvers avec Evermode et Waltman ses disciples, les compagnons infatigables de son apostolat. A son arrivée, il fut frappé et comme consterné à la vue des maux dont il fut témoin.

Ce fut en cette occasion que Norbert déploya toute la force et toute la douceur de son éloquence pour détromper les esprits, que les mauvaises passions avaient entraînés à l'erreur. « Je sais, leur disait-il, que l'ignorance a plus de part à votre désertion que l'attachement au mensonge : vous vous êtes livrés à l'hérésie sans la connaître, et je viens vous annoncer la vérité que vous ne connaissez pas. Je suis persuadé que vous aurez le même empressement à l'embrasser, sitôt que je vous l'aurai proposée, que vous avez témoigné d'ardeur à suivre les impostures que vous a déguisées l'erreur sous les apparences de la vérité.

Ainsi Norbert, bien loin d'adresser de vifs reproches à ces malheureuses victimes de l'hérésie, excusait leur surprise avec tant de bonté, qu'il leur épargnait la honte que l'on a d'ordinaire à confesser les fautes que l'on déteste. Dans ses prédications,

il avait soin de réunir la douceur avec la force et la
conviction. Il sut tempérer si heureusement l'une
par l'autre, que les chefs du parti abjurèrent leur
erreur entre les mains de Norbert. Les disciples,
qui n'y étaient retenus que par l'exemple des maîtres,
imitèrent leur conduite, de sorte que la ville, par
un effet admirable des miséricordes divines, devint
en peu de temps toute différente de ce que les crimes
des blasphémateurs l'avaient faite. Les temples furent
réparés, les croix redressées, le sacerdoce rétabli,
la divine eucharistie honorée, la religion restaurée,
et Ninive la pécheresse devint une Ninive pénitente.

Cette conversion engagea l'évêque de Cambrai et
les chanoines de Saint-Michel à chercher à retenir
Norbert à Anvers, afin qu'il conservât par sa présence
les fruits de sa mission. Ils appréhendaient que son
éloignement ne coûtât la dispersion de leur troupeau,
ou que quelques séducteurs, profitant de sa retraite,
ne vinssent rallumer le feu de l'impiété qu'il avait
éteint. Ils lui offrirent l'eglise de Saint-Michel avec
une partie de ses revenus. Mais Norbert, qui était
appelé ailleurs par les devoirs de son ministère,
ne put accepter l'offre qu'on lui faisait. Il leur promit
de leur donner, à son défaut, quelques-uns de ses
disciples capables d'affermir la foi de ces malheureux peuples, et de cultiver la semence qui commençait de germer.

L'évêque acquiesça à cette proposition. Le saint
nomma Waltman pour être le premier abbé de son
Ordre dans Anvers, et le saint homme fut mis en
possession de l'église de Saint-Michel en 1124.
Les chanoines de Saint-Michel expriment, dans la

charte de concession , qu'ils ont transféré leur église aux chanoin es de Prémontré , en considération des grands services que le très-saint et très-religieux homme Norbert venait de leur rendre , en extirpant l'hérésie qui inondait toute leur province. Burchard ratifia cette donation la même année.

LIVRE TROISIÈME

Le bruit des avantages que Norbert venait de remporter sur les hérétiques d'Anvers se répandit dans les provinces voisines ; on n'y parlait que de son zèle, de sa fermeté, de sa douceur, de son adresse à s'insinuer dans les esprits, de sa constance dans les travaux apostoliques. Barthélemy, évêque de Laon, qui entrait dans les intérêts de Norbert et qui prenait plus de part que personne à la gloire de son apostolat, bénit le Seigneur d'avoir donné à son Église un ministre fidèle, qui la soutenait par sa piété et par sa doctrine, et qui perpétuait dans ses disciples d'aussi éminents services. L'inclination, que ce bienheureux évêque avait eue pour l'ordre de Prémontré dès son origine, redoubla à la vue de ses progrès ; il voulut avoir près de lui une communauté de ces saints religieux, et leur introduction dans Anvers levait le scrupule que Norbert avait jusque-là témoigné de permettre à ses enfants d'habiter dans les villes.

Le saint fondateur ne put se défendre contre les prières de Barthélemy ; il accepta l'abbaye de Saint-Martin de Laon, et Gauthier de Saint-Maurice en fut le premier abbé. Gauthier avait été un des disciples de Raould, et un des premiers enfants de saint Norbert. Pendant les premières années de son gouvernement, il eut fort à souffrir. Les biens vendus ou dissipés par une mauvaise administration, les édifices ruinés ou détruits, les autels négligés avaient jeté les affaires de ce monastère dans un pitoyable désordre. Le courage de Gauthier n'en fut pas abattu. L'exemple de la pauvreté de saint Martin le consolait dans son indigence ; il l'invoquait dans ses besoins, et mettait sa confiance en son intercession. Il ressentit bientôt les effets de la protection divine, et le Seigneur versa ses graces sur cette sainte maison, et récompensa la patience de son serviteur par de telles faveurs, que cette abbaye, si obscure dans ses commencements, fut, douze ans après, une des plus illustres de France. Elle entretenait cinq cents religieux, et devint la mère de quinze autres abbayes. Elle donna à l'Eglise universelle un souverain Pontife, sous le nom de Grégoire viii ; deux évêques à l'église de Laon, Godescalck à celle d'Arras, Concordat et Zacharie à d'autres évêchés, et un très-grand nombre d'abbés à différents monastères.

Gauthier, qui avait reçu les prémices de l'esprit de Norbert, alla porter l'Evangile en Allemagne, en Portugal et dans les Pays Bas. Tandis qu'il s'occupait à la conversion des peuples, l'évêque Barthélemy quitta le siège de Soissons et se retira à l'abbaye de Foigny. Le clergé et le peuple, affligés de la retraite de leur vertueux évêque, ne crurent pas pouvoir lui donner un plus digne successeur que Gauthier. Il marcha en effet sur les traces de Barthélemy; il fut le père des pauvres, le protecteur de la religion, le modèle de toutes les vertus épiscopales durant les cinq années qu'il gouverna le diocèse. Gautier de Mortaigne, son confrère, lui succéda.

Ce n'était pas seulement à Saint-Martin de Laon que l'ordre de Prémontré se rendait recommandable; il se faisait aussi considérer dans tous les pays où Norbert avait envoyé ses disciples. Ceux de l'abbaye de Floreff, qui, depuis leur établissement, passaient pour les apôtres de la province, étaient recherchés par tous les évêques du pays.

Albéron, qui, de primicier de la cathédrale de Metz, avait été élu évêque de Liège en 1123, souhaita d'avoir auprès de sa ville de ces ouvriers évangéliques. Il les établit d'abord sur le Mont-Saint-Corneille, d'où Jean de Flandre, évêque de Liège, les fit passer dans les faubourgs de la ville, en un lieu appelé *Beau-repaire* ou *Beau-retour*. Luc fut nommé par saint Norbert au gouvernement de cette abbaye.

Il y avait déjà près de trois ans que l'ordre de Prémontré florissait dans l'église sous l'approbation épiscopale; Norbert souhaita d'avoir celle du saint-siége. Pierre de Léon et Grégoire de Saint-Ange

étaient pour lors légats en France. Norbert les vint
trouver à Noyon, et leur demanda la confirmation
de son institut. Ils la lui accordèrent d'autant plus
volontiers, qu'ils étaient pleinement informés des
grands biens qu'il faisait dans l'Eglise. La bulle se
terminait en ces termes :

« Nous approuvons, par l'autorité du siége apostolique dont nous sommes les légats, l'institut que
vous professez, et nous vous prions et exhortons, au
nom de Dieu, d'y persévérer. Ainsi nous accordons
à tous ceux qui professent la vie canonique dans vos
monastères, et qui y demeureront constamment, les
bénédictions des saints apôtres Pierre et Paul, et
l'absolution de leurs péchés; ordonnant que personne
n'ose entreprendre de changer l'état de votre ordre,
dont tant de pays ont reçu les fruits jusqu'à présent
avec abondance, et dont la bonne odeur s'est répandue sur tant de personnes. Nous ordonnons de plus
aux religieux d'être stables dans la vie canonique
qu'ils auront une fois embrassée, et de ne pas, par
un esprit de légèreté et même sous prétexte d'une
religion plus austère, passer de votre ordre dans un
autre, sans le consentement de l'abbé et de toute la
communauté; et en cas qu'ils vinssent à sortir, nous
défendons aux abbés, aux évêques et aux moines de
les recevoir, sans le témoignage de ce consentement
unanime. Vous donc, mes très-chers frères, rem-
plissez avec fidélité et un zèle nouveau ce que vous
avez promis à Dieu; que votre lumière luise aux yeux
des hommes, afin qu'ils voient vos bonnes œuvres,
et qu'ils glorifient votre Père qui est dans les cieux !
C'est au nom du Père, et de son Fils et du Saint-
Esprit, que nous confirmons votre institut, afin

qu'il soit affermi pour jamais par leur vertu. »

L'approbation que le saint-siége accorda à Norbert fut suivie des bénédictions célestes; son ordre prit de nouveaux accroissements. Guidon ou Widon, qui avait abandonné Prémontré pour se retirer à Vicogne, auprès de Valenciennes, invita Gauthier, abbé de Saint-Martin, à lui envoyer une colonie de ses religieux pour les établir dans sa solitude. Guarin alla jeter les fondements de cette illustre maison, qui devint l'une des plus considérables de l'ordre.

Burchard, évêque de Cambrai, les introduisit à Saint-Feuillant, à trois lieues de Mons. Son diocèse, qui avait un besoin extrême de pasteurs, trouva dans ce nouvel établissement un séminaire d'apôtres infatigables.

Saint Norbert fonda la même année l'abbaye de Valséry. Henri en fut le premier abbé. Ce saint homme se rendit admirable par son zèle et par sa charité; il convertissait les pécheurs par ses discours, et il soulageait les pauvres par ses aumônes. Ses largesses servirent à multiplier l'abondance dans sa maison.

Après que Norbert eut ainsi pourvu au gouvernement des abbayes de son ordre, il songea à s'acquitter d'une commission délicate, dont Thibaut, comte de Champagne, l'avait supplié de se charger. Il s'agissait d'obtenir pour lui la compagne qui devait l'aider à se sanctifier au milieu du monde et des périls de la cour. Norbert partit avec les deux députés du comte. Son équipage n'avait rien de la magnificence ni de l'attirail ambitieux des ambassades; son humilité ne lui permettant pas de transiger avec les lois de la modestie de son état. Vêtu d'une pauvre soutane blanche, couvert d'un manteau usé, monté sur un âne, il traversa la Champagne, la Lorraine, l'Alsace, le Wurtemberg, avec un recueillement que les objets extérieurs ne pouvaient distraire; tantôt faisant oraison, tantôt s'entretenant avec ses compagnons des choses de Dieu ou de leur salut, chantant quelquefois des psaumes, et dans tous les lieux de son passage laissant des marques de sa piété et de son zèle. Ils arrivèrent ainsi à Ratisbonne, où Norbert devait négocier le mariage par la médiation de l'évêque Hartwic.

Norbert, qui avait pratiqué ce prélat dans la cour de l'empereur, lui exposa le sujet de son voyage, et lui dit que le comte de Champagne, dont le nom et la puissance étaient connus de toute l'Europe, avait jeté les yeux sur Mathilde, sa nièce, fille du marquis de Craybourg, pour en faire son épouse; que les vertus de la princesse et l'éclat de sa maison avaient déterminé le comte à ce choix, qui devait être aussi glorieux à Mathilde qu'il était agréable à Thibaut.

Hartwic reçut avec joie la proposition de cette alliance, et la communiqua à son frère Engilbert, marquis de Craybourg, qui, trouvant dans ce mariage de la gloire et des avantages pour sa famille, y consentit de grand cœur. Sur ces assurances, Norbert renvoya les députés pour en porter la nouvelle au comte de Champagne.

Comme la saison était déjà avancée et que le saint avait résolu de faire le voyage de Rome, il attendit que le retour du printemps lui permît de l'entreprendre. Il demeura à Ratisbonne pendant l'hiver ; mais il n'y resta pas sans occupations. Son zèle et les besoins du diocèse lui fournirent une ample matière de travail. Il s'appliqua aux missions, parcourut jusqu'aux moindres bourgades, et ne donna point d'autres trêves à son apostolat que celles de son séjour.

Albert, premier comte de Pogen, dont le château n'était éloigné que de six lieues de Ratisbonne, fut si vivement touché des prédications de Norbert, qu'après avoir réformé sa vie, il changea son château de Vindeberg en un monastère de l'ordre de Prémontré.

Vindeberg est situé sur une haute montagne au-delà du Danube, à une journée de Ratisbonne et de la célèbre abbaye d'Osterhoven. Albert III, fils de Berchölde et petit-fils d'Albert I, illustra la fondation de son aïeul par le présent qu'il fit à Vindeberg du corps de saint Sabin, évêque de Spolète, et celui de sainte Sereine, martyre, qu'il avait apportés d'Italie. Ce seigneur avait été contraint de s'y retirer, lorsqu'après avoir fait la guerre à Louis de Bavière, l'empereur Henri VI, dit le Sévère, l'eut condamné, dans les diètes de Ratisbonne et de Worms, à être exilé dans la Pouille. Son bannissement lui procura des occasions de signaler sa valeur dans les combats que l'empereur livra aux princes Normands dans la Sicile, à Naples et dans l'Ombrie. Les services qu'il rendit à l'empire dans différentes batailles lui méritèrent enfin le rappel dans ses terres. Il revint et emporta avec lui les corps de ces glorieux martyrs, qu'il déposa à Vindeberg.

Norbert ne se renferma pas dans le diocèse de Ratisbonne, il évangélisa encore celui d'Ausbourg.

La conversion de Verner, comte du Suabek, fut le premier fruit des prédications de notre missionnaire. C'est ce comte qui, quelque temps après, fonda l'abbaye d'Ursperg.

Ces choses se passaient en Allemagne, pendant que Hugues travaillait en France avec le même bonheur à l'agrandissement de l'ordre. Il vit des évêques implorer son secours pour la réformation des mœurs; d'autres le priaient de vouloir accepter les églises occupées par des chanoines, dont le relâchement faisait gémir la religion. C'est ainsi que l'abbaye de Braine-sur-la-Vesle passa à l'ordre de Prémontré, à la sollicitation de Lysiard de Crespi, évêque de Soissons, et d'André de Baudemont, comte de Braine.

Après que cette église collégiale fut transférée à Hugues, Agnès de Baudement, comtesse de Braine, veuve de Milon II, comte de Bar-sur-Seine, et troisième épouse de Robert de France, comte de Dreux, en fit bâtir une plus magnifique. Plus tard, on y éleva, à la mémoire des fondateurs, de magnifiques mausolées, qui la rendirent célèbre. Elle fut plus illustre encore par l'Hostie miraculeuse, dans laquelle Jésus-Christ se fit voir sensiblement pour confondre l'infidélité des Juifs. La sainte Hostie s'y est conservée pendant plus de quatre cents ans.

Cependant Norbert, qui avait différé son départ pour Rome, quitta Ratisbonne sur le milieu de Janvier. Quoique la saison fût peu propre au voyage, Hartwic ne put le retenir plus long-temps. Honoré II, appelé auparavant le cardinal Lambert, remplissait alors la chaire de saint Pierre, et tenait sa cour à Como dans le Milanais. Norbert vint se jeter à ses

pieds, lui rendit compte de ses missions, de l'établissement et des progrès de son ordre, et de la confirmation de son institut qu'il avait obtenue de ses
légats en France. Il pria le saint Père de consommer
l'ouvrage par son autorité apostolique.

Le pape, informé d'ailleurs des intentions de
Norbert dans l'érection de son ordre, des fruits que
l'Eglise commençait à en retirer, de l'estime que
tous les évêques témoignaient pour les vertus du
patriarche et de ses religieux, le reçut avec toutes
les démonstrations de bienveillance. Ne doutant point
que l'ordre de Prémontré ne fût utile et honorable à
l'Eglise, il lui en accorda la confirmation par la
bulle suivante :

« Honoré, évêque, serviteur des serviteurs de
Dieu, à nos chers frères, Norbert, notre frère en
Jésus-Christ, et aux chanoines de l'église de Sainte-
Marie de Prémontré, et à leurs successeurs qui pro-
fessent la vie régulière à perpétuité.

D Ceux qui suivent l'exemple des apôtres renon-
cent aux pompes du siècle et à ses biens, et s'ap-
pliquent de toutes leurs forces à servir Dieu. S'ils
persévèrent dans le bien qu'ils ont commencé, ils
recevront au jour du jugement la robe de l'immor-
talité et la gloire éternelle. Puis donc qu'inspirés
de la grace, vous avez résolu de mener la vie religieuse et canonique selon la règle de saint Augustin,
nous confirmons votre institut par l'autorité du siège
apostolique, et nous vous exhortons, en vue de
la rémission de vos péchés d'y être stables. C'est
pourquoi nous défendons à toutes sortes de personnes
de changer l'ordre que vous avez établi dans vos
églises, où la vie canonique au terme de la règle de

saint Augustin est observée. Qu'aucun évêque, à
l'avenir, n'ose en chasser les frères, et qu'aucun
frère ayant fait profession de la vie canonique, n'ose
l'abandonner sans la permission de toute la communauté. Et au cas que quelqu'un en sorte sans ce consentement, qu'aucun évêque, abbé ou moine ne le
reçoive. Nous confirmons aussi les biens et les posses-
sions que vous tenez légitimement, et tout ce que
vous acquérerez désormais, soit par la libéralité des
rois, soit par la donation des évêques, soit par
d'autres moyens justes et canoniques. Que ces acqui-
sitions soient entièrement et pacifiquement possédées
par vous et vos successeurs qui demeureront fermes
dans la profession que vous avez embrassée. Nous
avons donc ordonné à toute sorte de personnes de ne
pas troubler vos églises, de n'en pas enlever les
biens, de ne les pas diminuer, et de ne vous pas
inquiéter par des vexations téméraires. Mais que vos
biens soient conservés dans leur entier, afin qu'ils
servent à la subsistance des frères et des pauvres,
sauf néanmoins le droit qui appartient aux évêques
diocésains. Que si quelque personne ecclésiastique
ou séculière donnait atteinte à notre constitution,
si après deux ou trois monitions, elle refusait de réparer l'injure, qu'elle soit dépouillée de son autorité
et de son honneur, et qu'elle sache qu'elle paraîtra
devant le tribunal divin pour y être punie de son
crime, et que dès à présent elle sera exclue de la
participation du sang de Jésus-Christ. Mais à l'égard
de ceux qui conserveront les droits et privilèges de
vos églises, que la paix de Notre-Seigneur Jésus-
Christ soit avec eux; que, dès cette vie, ils reçoivent
le fruit de leurs bonnes œuvres, et que dans l'autre

ils trouvent la récompense d'une paix éternelle.

» Donné le 13 des kal. de mars, par la main d'Haimerie, diacre, cardinal et chancelier de l'Eglise romaine, l'année deuxième du pontificat du pape Honoré. »

Cette grace que Norbert obtint du vicaire de J.-C., ne fut pas la seule dont Dieu le favorisa dans son voyage. Il alla de Como à Rome avec trois de ses religieux, qui étaient venus le joindre à Ratisbonne. Il visita avec eux les tombeaux des SS. Apôtres et les lieux consacrés par le sang des Martyrs. A la vue des marques sanglantes que ces généreux défenseurs de la religion nous ont laissées, son cœur s'enflamma d'une ardeur nouvelle pour la gloire de l'Evangile. Transporté d'une sainte impatience de mourir pour la foi, il enviait le bonheur des martyrs.

Etant tout pénétré de ces pensées durant l'oraison, une voix céleste lui prédit qu'il serait évêque de Magdebourg. Son humilité en fut troublée, et la prédiction jeta les disciples dans de grandes inquiétudes. Ils craignaient tous trois la séduction ou la surprise, et chacun faisait aux autres un mystère de ce qu'ils avaient tous entendu. Ils étaient également tristes, et ils n'osaient se communiquer le sujet de leur tristesse commune. Norbert ressentait mieux qu'eux la douleur de son élévation future. Sa modestie lui cachait ses talents, et les dangers d'une dignité éminente lui faisaient envisager avec frayeur le poids de l'épiscopat. D'ailleurs le souvenir de ses chers enfants, dont il faudrait se séparer, augmentait l'amertume de son cœur.

Dans le temps que Norbert était à Rome, le pape y transféra sa cour. Norbert, profitant de cette conjecture, supplia Sa Sainteté au nom du B. comte de Capenberg, de vouloir confirmer l'établissement des religieux de Prémontré à Capenberg, à Varlas et Elafftar. Sa Sainteté en fit expédier une bulle, qu'il remit entre les mains de Norbert. Il reçut ensuite la bénédiction du saint-père, et sortit de Rome.

Un de ces religieux prit la route de France, pour donner avis au comte de Champagne du retour de Norbert. Norbert, avec deux de ses compagnons, repassa par l'Allemagne. Les rigueurs de la saison, les difficultés des chemins, ne le dispensèrent pas des austérités du Carême, ni de la prédication de l'Evangile. Les villes qui se présentèrent sur sa route furent édifiées de sa pénitence et charmées de ses prédications. Mais il n'y en eut pas qui éprouva davantage les effets de sa charité que Wurtzbourg. Cette ville était en ce moment en deuil par la mort de Rudger, son évêque.

L'arrivée de Norbert calma leur tristesse. Ils oublièrent ce qu'ils venaient de perdre, à la vue du bien qu'ils possédaient. Déjà, croyant avoir retrouvé leur pasteur dans la personne de Norbert, ils le prièrent de suppléer à la voix et aux fonctions du défunt, pendant les fêtes de Pâques. Les sollicitations du clergé et du peuple furent si pressantes, qu'il ne fut pas possible de résister à leur empressement.

Norbert fut donc obligé de dire la grand'messe dans la cathédrale le jour de Pâques. Le concours du peuple était égal à la solennité du jour. Une femme aveugle, inspirée de Dieu, se fit conduire jusqu'aux pieds de l'autel, et après que Norbert eut pris le corps et le sang de J.-C., elle le conjura d'une voix suppliante de vouloir lui rendre la vue. Le saint,

ému de compassion, se tourna vers elle, et de cette
même bouche dont il venait de recevoir le sang d'un
Dieu, il souffla sur les yeux de l'aveugle et lui rendit
la vue.

Ce prodige prépara les spectateurs à profiter de la
parole de Dieu, qu'il leur annonça ensuite avec une
telle onction, qu'ils ne savaient pas s'ils devaient
admirer davantage la puissance de Norbert sur les
corps, ou son empire sur les cœurs. Trois des principaux seigneurs de la ville, nommés Jean, Henry et
Lutoff, pénétrés de ses discours, renoncèrent sur
l'heure même au monde pour embrasser le genre
de vie du prédicateur. Ils consacrèrent leurs biens
à l'établissement du monastère d'Obern-Cell ou Celte
supérieure, situé dans les faubourgs de la ville sur le
bord du Mein.

Le peuple, aussi bien que le clergé, allait pousser
plus loin les sentiments de leur estime, si Norbert,
instruit de leurs desseins, ne les eût prévenus par une
retraite furtive. Ses compagnons, qui appréhendaient
que Wurtzbourg ne fût le lieu où la prédiction qu'ils
avaient entendue à Rome aurait son accomplissement, hâtèrent leur départ, et sortirent sans bruit
avec leur maître.

Ils retournèrent en France par le même chemin
qu'ils avaient tenu en venant à Ratisbonne. Leur
voyage fut des plus heureux. Simon, premier duc de
Lorraine, fils de Thierry-le-Vaillant, et petit-fils de
Guillaume selon quelques-uns, ou de Gérard d'Alsace selon d'autres, reçut Norbert dans ses états,
avec toutes les marques d'amitié et d'honneur que la
proximité du sang et sa piété lui suggérèrent. Les
anciennes chartes du château de Prény sur la Moselle,

à deux lieues de Pont-à-Mousson, conservent l'ordre des cérémonies et le registre des dépenses que fit ce prince à la réception de Norbert. Il ajouta à ce témoignage public de sa vénération pour notre saint, une preuve éternelle de sa piété, par la fondation d'une abbaye.

Cette abbaye est Sainte-Marie-au-Bois, dans le diocèse de Toul, qui fut transféré au commencement du siècle dernier dans la ville de Pont-à-Mousson. Norbert en confia la conduite à un de ses élèves, nommé Richard, gentilhomme lorrain, ancien disciple du docteur Raould. Richard, dès son entrée en religion, se distingua par son obéissance, et fit voir ce que pouvait la vertu, quand, à l'ordre de Hugues son supérieur, il arrêta un furieux que plusieurs hommes n'avaient pu retenir. L'innocence et le zèle furent aussi les vertus principales de Richard, et le patrimoine qu'il transmit à ses successeurs. Ils le conservèrent pendant plus de trois siècles ; mais peu à peu le relâchement s'introduisit à Sainte-Marie-au-Bois. Le P. Servais de Lairuelz, docteur de Sorbonne, vicaire-général de l'ordre et abbé de Sainte-Marie, ressuscita heureusement l'esprit de Richard par la réforme qu'il établit dans sa maison, et qui s'est répandue en Lorraine et dans plusieurs abbayes de France. François de Long-Pré, général de l'ordre, applaudit au zèle du pieux réformateur.

Sous cette protection, celui-ci commença en 1611 à projeter un plan général de réforme ; il en dressa les articles, et remit en vigueur l'abstinence qui avait été abandonnée par le relâchement, et depuis supprimée par la condescendance du saint-siége. Il rétablit le jeûne depuis l'Exaltation de la Sainte Croix jusqu'à

Pâques, et fit refleurir la pauvreté apostolique. Il ramena toute la sévérité de la discipline régulière, qui était énervée par une longue inobservance des constitutions de l'Ordre.

Pierre de Gasset, qui succéda à François de Long-Pré, hérita de ses bonnes intentions. Il vint lui-même en Lorraine, il examina l'esprit de cette réforme, et ne put refuser son approbation à un genre de vie qui ne tendait qu'au renouvellement du premier institut de saint Norbert. Le prince Charles de Lorraine, évêque de Verdun, joignant son autorité à celle du général, voulut affermir l'ouvrage du P. de Lairuelz; il obtint pour cet effet des bulles de Paul v et de Grégoire xv, érectives d'une congrégation sous le nom de Communauté de l'ancienne rigueur.

Ces faveurs spéciales sont une suite de bénédictions que Norbert répandit sur la maison de Sainte-Marie, à son retour d'Allemagne. Il aurait souhaité d'y faire un séjour plus long pour condescendre aux désirs du duc Simon ; mais les affaires du comte de Champagne et les intérêts communs de l'Ordre le rappelèrent à Prémontré. Il y arriva sur la fin du mois de mai, et presque aussitôt il alla introduire sa règle à Cuissy, et confirmer Luc dans sa dignité abbatiale.

Luc, avant de quitter le siècle, était doyen de la cathédrale de Laon. L'amour de la solitude et de la perfection lui fit renoncer à ses emplois pour finir ses jours dans la retraite. Il se renferma dans une petite chapelle au pied de la montagne de Cuissy, assez près de la rivière d'Aisne, à quatre lieues de Laon. L'évêque Barthelémy, à qui elle appartenait, lui en fit donation par un acte de l'année 1118. Odon, l'un des premiers bourgeois de Laon, qui avait signalé sa

vertu dans les pénibles voyages qu'il entreprit en
France et en Angleterre pour la réparation de la
cathédrale, s'associa à lui. Il en fut tiré en 1127,
pour être abbé de Bonne-Espérance en Hainaut. Les
deux solitaires vivaient dans le désert, tout occupés
aux exercices de la vie intérieure, lorsque la réputation de Norbert appela Luc à Prémontré. La sainteté
qu'il y remarqua lui en fit embrasser la profession.
Norbert le nomma ensuite abbé de la maison dont il
était le fondateur. L'éclat de ses vertus le rendit vénérable à tout le monde, mais surtout à saint Bernard,
qui l'honorait de son estime et de ses lettres. Les
comtes de Vermandois, de Chateau-Porcien et de
Roussy lui confièrent la direction de leurs consciences.
Richard de Neuf-Châtel, Ermengarde de Roussy, et
d'autres personnes de qualité, se dévouèrent à Dieu
sous sa conduite.

Les chanoines réguliers de l'abbaye de Steinfeldt
au diocèse de Cologne, attirés par les motifs de la
pénitence, demandèrent aussi à Norbert de s'unir à
son ordre.

Cette abbaye fut la pépinière de plusieurs maisons
dans l'électorat de Cologne, dans le duché de Juliers,
dans la Frise et dans les royaumes de Bohême et de
Pologne. L'abbaye du Mont-Sion ou de Strabowen,
à Prague, en est une des plus illustres, puisqu'elle
peut se vanter d'avoir donné sept archevêques de
Saltzbourg. Elle fut le rempart de la religion dans le
temps que Jean Hus et Jérôme de Prague ravageaient
l'Eglise, et elle a été toujours considérée comme un
séminaire de prélats et de pasteurs.

Evervin, que Norbert nomma premier abbé ou
prévôt de Steinfeldt, fut tout ensemble supérieur du

monastère et apôtre du diocèse de Cologne , alors inondé d'hérétiques, qui composaient leur secte des dogmes des Tanchelmites et des Henriciens. A la faveur de cet assemblage confus d'erreurs et d'impiétés, ils soutenaient avec les Donatistes, que la véritable Eglise était renfermée dans leur part. Ils s'interdisaient, par un scrupule manichéen , l'usage de certaines viandes, et particulièrement du lait et du fromage. Ils blâmaient, à l'exemple de Vigilance, l'invocation des saints, le jeûne et les pratiques de pénitence. Ils admettaient deux baptêmes : l'un par l'eau, l'autre par le feu et l'esprit. Ils administraient ce dernier par l'imposition des mains, et rejetaient celui de l'Eglise catholique. Ils attribuaient à leurs élus ou baptisés le pouvoir d'en baptiser d'autres et de consacrer le corps et le sang de J.-C. dans leurs repas. Ils anéantissaient le sacerdoce. Ils réduisaient les sacrements à celui du baptéme , qui ne devait être conféré qu'aux adultes. Ils niaient enfin la vérité du purgatoire. Ces ennemis de la sainte Eglise cachaient le poison de leurs hérésies sous le nom glorieux de vie apostolique, et quoiqu'ils ne fussent pas d'accord entr'eux sur les points de leur croyance, ils étaient toujours d'intelligence quand il s'agissait de combattre la foi et d'attaquer l'Eglise. Evervin entreprit de les combattre, et sut en triompher par les mêmes armes dont Norbert s'était servi pour triompher des Tanchelmites.

Cependant l'envie s'éveilla à la vue des progrès de l'Ordre de Norbert. On s'efforça de le décréditer lui et ses disciples par d'horribles calomnies. Les orages, la stérilité, l'intempérie des saisons, étaient les suites de l'arrivée du saint dans quelque lieu, et le fruit du séjour de ses enfants. Le démon, qui autrefois arma par cet artifice l'idolâtrie contre le christianisme, usa du même stratagème pour soulever les peuples contre l'institut de Norbert. Il débita surtout cette imposture à Val-Sery, par la bouche d'un possédé dont il s'était rendu maître. L'abbé Henry en avertit incontinent le saint fondateur, qui vint fermer la bouche au père du mensonge. Il se fit amener ce laboureur possédé, il l'exorcisa, lui rendit le calme et la parole qu'il avait perdus.

Le peuple, spectateur de ce miracle, annonça aussitôt la délivrance de l'énergumène. Norbert réprima leur joie, et leur dit :

« Ne croyez pas, mes frères, que l'esprit malin ait abandonné sa proie. Il se cache, il dissimule sous ce calme apparent l'excès de sa fureur. La vertu de l'exorcisme dont il a déjà éprouvé les effets, et dont il appréhende les suites, l'oblige à modérer sa colère. Il se flatte que je serai trompé par ses déguisements, et que je retournerai sans remporter d'autres avantages que celui d'avoir suspendu pour quelques moments le cours de sa rage. Il n'en sera pas ainsi ; si le démon est assez subtil pour couvrir la malice de ses desseins, Dieu nous a fait la grace de nous accorder assez de lumières pour connaître les ruses de ce fourbe. Cependant il est bon, mes frères, que vous sachiez que cet homme n'a pas été sans raison livré à l'ennemi. Laissons-le encore durant cette nuit expier les restes de son péché, et demandons à Dieu que par sa miséricorde nous puissions le délivrer demain. »

Norbert se retira. Alors le démon, reprenant sa première furie, tourmenta le laboureur plus cruel-

lement que jamais par des agitations effroyables.
Mais, dès le lendemain, Norbert chassa le démon,
et rétablit le malheureux paysan dans sa première
liberté. Il rassura par cette victoire certains esprits
superstitieux, alarmés des prédictions de l'esprit de
mensonge.

Il ne faut pas s'étonner, en voyant les démons dociles à la voix de Norbert, que les animaux les plus
farouches aient obéi à ses commandements. L'historien de sa vie rapporte que les loups, oubliant leur
férocité naturelle, prêtèrent quelquefois leur ministère pour la défense de ses troupeaux, et qu'ils
restituèrent leur proie à l'Ordre de Norbert. Comme
Prémontré était un paradis terrestre, par l'innocence
des religieux qui l'habitaient, il semblait que les
enfants de Norbert eussent recouvré l'empire sur
les animaux que le premier homme perdit avec la
justice.

On raconte que des frères convers, coupant des
bois dans la forêt, obligèrent un loup de leur
rendre l'agneau qu'il emportait ; le loup leur
remit sa proie, les suivit comme un chien domestique, jusque dans la maison. Depuis ce temps,
le loup se donna au monastère, en garda les avenues, faisait la sentinelle autour des troupeaux de
Prémontré, et ne permettait pas que d'autres loups
en approchassent.

Ces circonstances, que l'historien de saint Norbert
n'a pas cru devoir négliger, paraîtront peut-être peu
dignes d'une histoire remplie de si grands évènements.
Mais si saint Grégoire n'a pas voulu omettre que saint
Boniface avait fait restituer à un renard la poule qu'il
avait emportée, et que saint Florent faisait garder

son troupeau par un ours, l'auteur de la Vie de saint Norbert aura pu sans doute entrer dans un détail de faits semblables, qui contribuent à la gloire de Dieu et à l'honneur de ses saints.

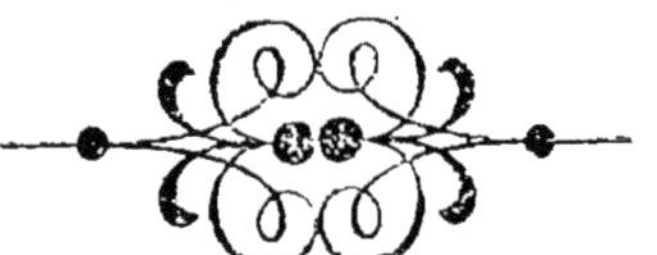

LIVRE QUATRIÈME

Saint Norbert accompagne le comte de Champagne. — Ses adieux aux religieux de Prémontré. — Ses libéralités envers les pauvres avant son départ.—Il sollicite et obtient la grace d'Humbert. — Son arrivée à Spire. — Il prêche devant l'empereur Lothaire et les légats du peuple. — Il est acclamé d'une voix unanime archevêque de Magdebourg. — Sa vaine résistance. — Il ne peut s'opposer aux desseins de Dieu sur lui.

Cependant le comte Thibaut, ayant fait les préparatifs pour son voyage d'Allemagne, envoya inviter Norbert de l'accompagner. La demande de ce prince mit le saint dans l'embarras. Il voyait, d'un côté, qu'il ne pouvait refuser son ministère à l'exécution d'une entreprise dont il était l'auteur; il appréhendait, de l'autre, que son voyage ne facilitât l'accomplissement de la prédiction de Rome, et qu'il ne trouvât en Allemagne la dignité qui lui avait été promise par le Ciel en Italie. Il s'expliqua sur cette peine à Geoffroy des Lières, évêque de Chartres. Il lui avoua que Dieu lui ayant fait connaître que dans l'année il serait évêque, il craignait de s'exposer au péril d'expérimenter la vérité de cette prophétie; que néanmoins il semblait ne pouvoir refuser ses bons offices au comte, dont il gouvernait la conscience, et qui ne s'était déterminé au mariage que par ses avis.

On ne sait ce que Geoffroy lui répondit sur son doute; mais, soit que ce prélat, un des plus éclairés de France, lui eût persuadé de ne point abandonner un prince qui se confiait absolument en sa prudence et qui venait de remettre à son choix la nomination de Raould à l'abbaye de Lagny; soit que la Providence qui conduit avec force et avec suavité ses desseins, lui eût inspiré d'achever la négociation qu'il avait commencée, il résolut de suivre Thibaut. Norbert le déclara à ses chers disciples. L'exhortation qu'il leur fit avant de les quitter fut comme le testament d'un père qui communique ses dernières volontés à ses enfants, et qui leur trace le précis des obligations de la vie religieuse.

« Mes très-chers frères, leur dit-il, la charité, qui me presse, m'oblige de vous exhorter à suivre avec fidélité l'état de vie auquel vous vous êtes consacrés par la solennité de vos vœux. Souvenez-vous qu'ayant renoncé par votre profession à toutes les choses du monde et à vous mêmes, votre unique emploi doit être désormais de porter la croix de J.-C., et de consumer votre vie dans les rigueurs de la pénitence.

» C'est là, mes chers frères, la voie étroite qui conduit au ciel; c'est là la route que J.-C. vous a frayée par son exemple, qu'il a arrosée de son sang, qu'il a préparée à ses élus, et que vous devez tenir le reste de vos jours, si vous aspirez véritablement à la couronne qu'il a réservée à vos combats. Aussi l'Apôtre nous assure que personne ne sera couronné qu'il n'ait combattu généreusement.

» Marchez donc avec courage dans cette carrière
pénible, mais marchez avec précaution, à cause des
ennemis qui vous environnent. Soyez prompts à
rendre l'obéissance à vos supérieurs, sévères dans
l'observance de la pauvreté apostolique, fidèles au
vœu de chasteté qui vous égale aux anges. Sans cela
l'esprit de notre ordre ne peut subsister, et toute sa
gloire s'évanouira. Vous avez promis la stabilité dans
ce lieu, demeurez-y sans dégoût, attachez-vous au
service divin sans ennui, et ne cherchez jamais, sans
des raisons légitimes, à sortir de votre solitude pour
rentrer dans les affaires du monde. Le Seigneur, pu-
nissant vos courses inutiles, retirerait sans doute de
vous les douceurs de son esprit. Alors la corruption
du siècle s'insinuerait dans votre esprit, par le
commerce avec les gens du monde. Car sachez, mes
chers frères, qui si le poisson ne peut vivre hors de
l'eau, le religieux, qui sort du cloître sans nécessité,
ne peut vivre long-temps dans la grace.

» Fuyez donc la fréquentation du siècle, comme
le poisson fuit la sécheresse. Gardez la clôture, le
silence et la retraite, qui sont les seules gardes de la
pureté; et comptez que le nom de religieux que vous
portez sera pour vous un nom fatal, si vous vous
étudiez plus à plaire au monde qu'à Dieu.

» Vous devez aussi, vous tous que la stabilité réunit dans cette maison, être unis par le lien d'une
charité unanime. Veillez attentivement sur la conduite de vos langues; retranchez le murmure, la mé-
disance, la jalousie, malheureuses sources du chagrin
et de la mésintelligence qui troublent la paix des
communautés, qui attiédissent la ferveur de la dévotion, et qui énervent la piété. C'est pour cela qu'il

est écrit qu'un homme querelleur et d'un esprit difficile n'est qu'un fantôme de religieux. Elevez donc
vos esprits et vos cœurs au-dessus des faiblesses de la
nature humaine : soupirez, avec l'Apôtre, vers la
possession de J.-C. ; priez Dieu, avec le Prophète,
qu'il nous tire de la captivité sous laquelle nous
gémissons dans la prison de notre corps.

» Que si quelqu'un d'entre vous, négligeant les
devoirs de son état, et dégénérant de l'innocence
dont la blancheur de l'habit est le symbole, venait à
perdre l'esprit de la religion, et mépriser les avis de
ses supérieurs, qu'il s'attende aux châtiments que
Dieu a préparés aux prévaricateurs de leurs règles.
Appréhendez-les, mes frères, ces châtiments; pré-
venez le malheur de les sentir un jour, attachez-vous
avec fidélité aux devoirs de votre profession. C'est peu
de chose que Dieu vous demande, en comparaison de
ce qu'il vous promet; mais Dieu a coutume de rendre
beaucoup pour le peu que nous lui donnons.

» Je vous laisse, mes chers enfants, ces dernières
paroles comme l'abrégé de votre conduite, rappelez-
les souvent dans vos esprits, méditez-les dans vos
oraisons, imprimez-les profondément dans vos cœurs;
qu'elles vous servent d'aiguillon pour la vertu, de
préservatif contre le péché, de nourriture à vos âmes,
et qu'elles n'échappent jamais de votre mémoire, parce
que le Sauveur a dit : Bienheureux ceux qui écoutent
et qui gardent la parole de Dieu.

» C'est ainsi que Madeleine, pour avoir été attentive
à la parole de J.-C. et l'avoir conservée, a reçu, au
jugement de J.-C., la meilleure part, qu'il n'a point
accordée à Marthe, tout occupée aux fonctions extérieures. Imitez l'exemple de Madeleine; écoutez et

gardez comme elle la parole de J.-C., afin que vous entendiez dans la fin des siècles cette voix consolante : « *Venez les bénis de mon Père, possédez le royaume éternel ;* » entrez en jouissance d'un bonheur où vous goûterez une paix tranquille, une vision sans nuages, une joie sans alarme, une vie immortelle, des délices infinies, qui s'épancheront du trône de l'Agneau sur vos âmes, pour les enivrer des consolations ineffables.

» A la vue de cette récompense, qui surpasse nos expressions, et qui est au-dessus de nos mérites, animez-vous, mes chers frères, à souffrir une partie de ce que les martyrs ont enduré pour s'en assurer la possession. Priez le Dieu tout-puissant qui s'est fait homme pour nous, de fortifier notre infirmité par sa grace, de soutenir nos efforts par sa vertu; priez-le qu'ayant pitié des faiblesses qui environnent notre chair, il inspire du courage à nos cœurs, et nous fasse la grace, après avoir vécu sans attachement aux créatures, de nous faire monter à la contemplation du Créateur, par les mérites de J.-C. qui vit et règne avec le Père et le Saint-Esprit dans tous les siècles des siècles. Ainsi soit-il. »

Qui n'a point éprouvé les tendresses de la charité de J.-C., et combien les liens dont elle unit les cœurs sont indissolubles, ne comprendra jamais l'affliction que ressentirent les religieux de Prémontré, à cet adieu que Norbert leur fit avec le zèle d'un saint et l'affliction d'un père. Leur tristesse, semblable à celle dont étaient pénétrés les habitants de Milet au départ de saint Paul, ne leur permit de répondre à ses paroles que par leurs soupirs.

Ce n'était pas assez à la charité de Norbert d'avoir pourvu par ses exemples et par ses prédications aux besoins de ses religieux , il songea encore aux moyens de soulager les nécessités des pauvres. La délicatesse de sa conscience lui faisait un scrupule d'avoir autrefois improuvé les aumônes indiscrètes de ses religieux , qui, pendant son absence et dans un temps de famine , avaient prodigué leur propre substance pour l'entretien de cinq cents pauvres. Il voulut réparer par ses libéralités le scandale qu'il pouvait avoir causé par une prudence trop humaine. Il leur dit, que puisque Dieu, dans sa miséricorde, avait daigné multiplier les biens de Prémontré par les oblations de ses fidèles, il était juste qu'ils multipliassent leurs aumônes envers les pauvres , et qu'ils en entretinssent six vingts au-delà de cinq cents , auxquels ils avaient jusqu'alors fourni les aliments , sur les revenus du monastère ; que cent seraient nourris en maigre et des mêmes aliments que les religieux : que treize seraient traités en gras dans le quartier de l'hospitalité, et que les sept autres mangeraient au réfectoire avec les chanoines. Il dressa ensuite une constitution , par laquelle il prescrivit à toutes les maisons de son ordre, d'appliquer à perpétuité la dîme des oblations et de leurs rentes fixes à la subsistance des indigents, des pèlerins et des hôtes. La charte fut ainsi conçue :

« Au nom de la sainte et indivisible Trinité , les dîmes de tous les biens et de toutes les oblations seront appliquées aux nécessités des pauvres ; en sorte que si le produit des biens ou des oblations monte jusqu'à dix sols, on habillera dix-huit pauvres chaque année , huit pendant l'hiver et dix pendant l'été. A savoir pendant l'hiver , un le jour de la Toussaint , un à la Nativité de Notre-Seigneur, un à la Circoncision , un à l'Epiphanie, un à la Purification, un à l'Annonciation, un le Samedi-saint, un le jour de Pâques. Les habits qu'on leur donnera seront neufs, et consisteront en chemises, culottes, bas, pantoufles, souliers, tuniques, chappes, manteaux ou fourrures. Les autres pauvres seront habillés en été, un au jour de l'Ascension, sept pendant les sept jours de l'octave de la Pentecôte, un à la fête des SS. Pierre et Paul, et le dixième au jour de l'Assomption de la sainte Vierge. Leurs vêtements seront une cappe, une chemise, des culottes, des pantoufles et des souliers. Depuis le jour où le pauvre aura été vêtu, il pourra en rester huit dans la maison, où ils seront nourris. Si après cette distribution il reste encore quelque chose de la dîme, il sera employé au secours des pauvres qui arriveront ou qui passeront par nos monastères. Le jour du Jeudi-saint, les prêtres et les diacres, après avoir lavé les pieds aux douze pauvres, pourront, avec le consentement du supérieur, leur donner par charité ou leurs tuniques ou leurs culottes, leurs chappes ou leurs fourrures. Mais, après qu'ils auront reçu cette aumône, ils se retireront du monastère. »

Voilà quelles furent les dernières occupations de Norbert à Prémontré. Ces monuments de sa charité serviront d'exemple éternel aux successeurs de son emploi. C'est ainsi qu'il répandait dans le sein des pauvres les biens qu'il recevait de la main de Dieu. Il ne craignait pas que ses largesses pussent épuiser sa maison, puisqu'au temps de sa pauvreté il ne connaissait pas de ressource plus certaine que sa profusion même envers les pauvres. Aussi était-ce une de ses maximes fondamentales, que plus un monastère serait prodigue en aumônes, plus il serait abondant en richesses. C'est là l'héritage que le saint fondateur a laissé à ses enfants, et qui doit faire leur fonds le plus assuré, comme il a été le principe de leur établissement.

Norbert sortit de Prémontré, après en avoir donné la conduite à Hugues. Il n'augmenta en rien son équipage ordinaire. Ses infirmités, qui ne lui permettaient plus de faire ses voyages à pied, l'obligèrent de se servir d'un âne. Il était trop ami de l'humilité pour monter à cheval. Dans ce siècle de ferveur, où Guigue, prieur de la grande chartreuse, fut scandalisé de voir saint Bernard sur un cheval de prix qui ne lui appartenait pas, Norbert n'avait garde d'accepter, les carrosses ou les chevaux du comte de Champagne.

Il vint trouver Thibaut dans cet état, et le disposa au succès de son entreprise par les sacrements de pénitence et d'Eucharistie. Il lui dit qu'étant sur le point de partir, il devait se préparer à mériter les bénédictions de Dieu, en faisant miséricorde aux pécheurs; qu'un malheureux nommé Humbert implorait sa clémence, qu'il joignait ses prières aux larmes du coupable, pour émouvoir sa pitié sur l'infortune d'un homme digne de commisération.

Humbert était de Bar-sur-Aube. Il avait été accusé d'un crime dont l'histoire n'a pas eu soin de nous instruire. Cet homme, usant du privilège qu'une coutume aussi pernicieuse qu'ancienne lui accordait, de se purger par le serment, et ensuite par l'épreuve, qui se faisait tantôt par l'eau chaude, et tantôt par l'eau froide, quelquefois par le combat singulier, et souvent par le fer chaud, avait été vaincu dans le duel. Par suite de sa défaite, regardé comme un criminel convaincu par le sort, ou comme un prévaricateur des défenses de l'Eglise, qui proscrivait ces sortes d'épreuves, il avait été condamné par le comte Thibaut à perdre les yeux et les biens. Humbert avait subi la rigueur des lois. Sa famille, enveloppée dans sa disgrace, était errante sans consolation et sans pain. Dans cette extrémité, elle eut recours à Norbert et au crédit qu'il avait sur l'esprit du comte.

Norbert, qui était le père et le refuge des malheureux, ne put refuser son intervention. Il conjura Thibaut de se laisser attendrir par les gémissements d'un malheureux, et de lui faire restituer par pitié les biens qu'on lui avait confisqués par justice. Il ajouta qu'un prince, après avoir donné des marques de son équité, devait donner des marques de sa clémence, afin de faire connaître à ses sujets, que s'il savait punir les crimes en juge sévère, il savait aussi les pardonner en prince chrétien.

Le comte ordonna la restitution des biens de Humbert ; et son départ pour l'Allemagne ayant rendu ses officiers négligents à exécuter ses ordres, saint Bernard et Geoffroy, évêque de Chartres, obtinrent l'année suivante l'exécution de la promesse faite à Norbert.

Norbert et le comte se mirent en campagne au mois de septembre. Thibaut était suivi de toute sa cour et de l'élite de la noblesse. Norbert menait avec lui deux religieux avec lesquels il s'entretenait de Dieu, dans le cours du voyage. On arriva ainsi au rendez-vous, sur les frontières d'Allemagne, où le marquis de Craybourg devait conduire sa fille Mathilde, suivant le projet arrêté entre l'évêque de Ratisbonne et Norbert. Mais, au lieu d'y trouver la princesse, on n'y rencontra que des députés venus en diligence pour apporter la nouvelle de la maladie dangereuse qui l'avait attaquée en chemin, et qui ne lui avait pas permis de continuer sa route.

Le comte fut sensiblement affligé de ce fâcheux accident. Ses gentilshommes, qui prenaient cette excuse pour un prétexte, se sentirent offensés du compliment des envoyés de Mathilde. Ils conclurent qu'il fallait dépêcher Norbert à Ratisbonne, afin de s'éclaircir de la vérité. Le saint, qui avait été le premier mobile de la négociation et qui devait être le garant de son succès, n'osa s'opposer à leur conseil ni au choix de sa personne. Le comte même, appuyant l'avis de ses courtisans, lui interdisait la liberté de s'en défendre. Il fut obligé d'accepter la députation, avec dix marcs d'argent qu'on lui délivra pour sa dépense. Norbert les reçut. Mais le saint homme, qui avait toujours vécu depuis sa conversion dans la pratique d'une pauvreté austère, envoya l'argent à Prémontré pour la nourriture et la subsistance des pauvres. Il ne se réserva pour sa route que la confiance en la charité des fidèles et en la providence de Dieu. C'était le fonds unique sur lequel il comptait, et la seule consolation qu'il s'accordait dans ses voyages. Content d'une si bonne ressource, il se mit en chemin. Il passa à Spire, où, malgré ses précautions, son arrivée fut connue de la ville et annoncée à la cour de Lothaire, roi des Romains, qui fut quelques années après couronné empereur.

Ce prince venait de réduire Spire sous son obéis-

sance par la défaite de Frédéric, roi de Suabe et de
Conrad, duc de Franconie, neveu de l'empereur
Henry v, et compétiteur de Lothaire et de l'empire,
depuis la mort de leur oncle. Ces deux frères, animés
du même esprit, et poussés d'une même ambition,
voulaient lui ravir la couronne qui lui avait été dé-
férée. Ils se rendirent maîtres des plus importantes
places, pour se mettre en état de disputer, par les
armes, le sceptre qu'ils prétendaient devoir leur ap-
partenir par les droits du sang. Ils s'emparèrent de
Spire, où ils furent reçus par les bourgeois, plutôt
comme leurs princes que comme leurs conquérants.
Lothaire fit avancer son armée pour assiéger cette
ville rebelle. Le duc Frédéric, général habile et intrépide, vint fondre pendant la nuit sur le camp du roi
des Romains. Cette sortie, conduite avec adresse, allait
jeter le désordre dans l'armée de Lothaire, et sa perte
eût été infaillible, si Henry duc de Bavière, gendre
du roi, dont il avait épousé la fille unique Gertrude,
averti des desseins de Frédéric, ne se fût mis en
garde contre la surprise. Il reçut en effet l'ennemi,
et repoussa son armée avec tant de vigueur jusqu'à
Gronierque, que les assiégés, alarmés de la déroute
de leur chef, et craignant de tomber sous les bras
d'un vainqueur irrité, interposèrent la médiation
d'Albert, archevêque de Mayence, pour adoucir la
colère de leur souverain.

Lothaire, après avoir pardonné à Spire sa rébel-
lion, y vint tenir sa cour. Norbert y arriva presqu'en
même temps. Sa présence réjouit la ville, qui, n'étant
pas encore revenue de ses premières frayeurs, espéra
d'affermir sa paix par la médiation d'un si puissant
intercesseur. Lothaire, qui connaissait le saint par le

bruit de ses miracles et de ses vertus, témoigna de la joie à la nouvelle de son arrivée. Il souhaita de l'entendre prêcher, et de conférer avec lui sur les conjonctures présentes de l'Eglise et de l'Etat. Les bourgeois, qui avaient un empressement pareil, lui firent la même prière.

Il y avait alors dans la cour du roi des Romains deux légats d'Honoré II, Gérard de Caccianimici, cardinal et depuis pape sous le nom de Luce II, et Pierre, cardinal du titre du Saint-Marcel. Alberon, princier de la cathédrale de Metz, s'y trouva aussi pour les intérêts de son Eglise. C'était un des plus sages et des plus zélés prélats de son siècle, qui s'attira par son mérite l'estime et la confiance de l'empereur.

Les chanoines de Magdebourg y avaient en même temps leurs députés, pour terminer les différends qui troublaient la paix de leur Eglise. Rudger, leur archevêque, venait de laisser par sa mort son chapitre dans la confusion. Le schisme et les cabales divisaient les électeurs en trois partis : chacun s'appuyait sur le crédit de ses adhérents, et pas un n'était autorisé des saints canons. Dans ce tumulte, près d'éclater en une guerre civile, on proposa aux trois partis, que pour prévenir les suites d'une mésintelligence opiniâtrée, il fallait remettre l'élection de l'archevêque au choix des légats du saint-siége et à la décision du roi des Romains. Cette voie pacifique, dont des esprits échauffés ne sont presque jamais capables, fut néanmoins agréée de tout le clergé de Magdebourg. On envoya à Spire, pour faire accepter le compromis aux légats, et pour le faire approuver de Lothaire.

Dans ces circonstances, Norbert fut invité à prêcher, ou plutôt il y fut forcé par les prières du roi et du peuple. Il prit pour matière de son discours, le sujet même qui occupait la diète. Il prêcha sur les devoirs des princes, sur l'obéissance de ses sujets, sur le gouvernement des églises, sur l'élection des pasteurs, et il parla avec tant d'éloquence, que Lothaire, qui jusque-là n'avait pas encore étouffé les sentiments de sa première indignation, oublia tout-à-fait le crime des rebelles. Les peuples à qui Norbert fit sentir l'injustice de leur révolte, condamnèrent hautement leur désertion, et jurèrent une obéissance inviolable à leur légitime souverain. Les divisions excitées entre les envoyés de Magdebourg cessèrent. Tous se réunirent dans un esprit de paix et de concorde; et chacun, à l'issue de la prédication, se trouva rempli de zèle pour le service de Dieu et d'admiration pour son ministre.

Norbert, ayant rempli si heureusement sa mission, se disposait à partir pour Ratisbonne. Mais Dieu, qui avait d'autres vues, persuada à Lothaire de le retenir encore quelques jours auprès de sa personne, pour se servir de ses conseils dans les affaires de l'Eglise. Norbert lui représenta en vain, qu'étant chargé des commissions du comte de Champagne pour le marquis de Craybourg, il ne pouvait prolonger son séjour à Spire, sans offenser un prince qui lui avait confié ses intérêts les plus chers; il fallut obéir à une autorité supérieure, et demeurer à la cour jusqu'à ce qu'il plût au roi de lui donner son congé.

A peine y étaitt-il resté trois jours, que l'on agita l'affaire de Magdebourg. Les légats du pape engagèrent les députés de cette Eglise à confirmer le compromis

qu'ils avaient fait entre leurs mains pour le choix de leur archevêque. Ils leur dirent que c'était le seul moyen de pacifier les esprits et d'avoir un pasteur qui fût respecté de son peuple, puisqu'il serait soutenu de la protection du saint-siége et de la puissance de l'empire.

Les députés ratifièrent, au nom de leur chapitre, leur premier engagement, et remirent à la prudence des légats le soin de leur donner un bon pasteur. Sur cette déclaration, on procèda à l'élection d'un archevêque. Les suffrages se trouvèrent partagés entre trois personnes : Norbert, fondateur de Prémontré, Albéron, princier de Metz, et un troisième qui nous est inconnu.

Ce concours embarrassa quelques moments les électeurs. Ils hésitaient auquel des trois ils devaient se déterminer. Norbert, présent à l'assemblée, mais qui ignorait ce qui en faisait le sujet, se tenait caché dans le fond de la salle, tout recueilli en Dieu. Albéron, qui lut sur le visage des légats la cause de leur doute, rompit le silence, et d'un ton prophétique cria qu'inutilement on délibérait sur une affaire arrêtée dans le ciel ; qu'il ne fallait pas balancer de donner la préférence à l'homme de Dieu qui cherchait par son humilité à se dérober aux desseins que le Saint-Esprit avait formé sur lui pour sa gloire ; que la dignité devait échoir à Norbert, si l'on suivait dans l'élection les règles canoniques et les décrets de la sagesse éternelle.

A cette voix se joignit une acclamation universelle : les députés de Magdebourg, sans donner à Norbert le loisir de se reconnaître, le tirent du milieu de l'assemblée, et au bruit des applaudissements

l'enlèvent avec violence , publiant que c'est l'archevêque qu'ils ont reçu du Ciel, qu'ils reconnaissent
pour leur pasteur, et qu'ils honorent comme leur
père.

Cet enlèvement tumultueux frappa si étrangement
Norbert, qu'il en perdit la parole. Il ne savait si c'é-
tait un songe qui trompait son imagination , ou une
réalité qui se passait à ses yeux. Cependant on le
transporte à l'église. Il se défend , mais la force l'entraîne. Il se récrie contre l'espèce de violence qu'on
fait sur sa personne, mais sa voix se confond avec
les clameurs qui retentissent de toutes parts. Il demande un peu de temps pour se consulter ; mais de
crainte qu'il n'échappe , on ne veut pas lui accorder
un moment de réflexion. Il tâche d'intéresser les
légats dans sa défense , mais ils désapprouvent la
résistance de son humilité. Enfin , malgré ses oppo-
sitions et ses plaintes, on l'oblige de se soumettre aux
volontés de Dieu et de recevoir la consécration.

C'est ainsi qu'à l'exemple des premiers évêques ,
que l'Eglise destinait au martyre , en même temps
qu'elle les honorait du sacerdoce, Norbert fut élevé
à l'archevêché de Magdebourg. Bien éloigné de monter au sanctuaire par les brêches de l'ambition , il
n'y entre que par la volonté de Dieu , par le choix de
Jésus-Christ, par le suffrage du peuple , par les em-
pressements du clergé.

Après la cérémonie du sacre, Norbert , commen-
çant de sentir le poids et le péril de sa grandeur nouvelle, se plaignit à Dieu de la violence que lui avait
faite ses ministres. Son humilité succombant sous
l'éclat d'un honneur qu'il avait toujours envisagé avec
crainte et évité avec soin, il conjura , les larmes aux

yeux, ses électeurs de pourvoir l'église de Magdebourg
d'un sujet plus propre que lui à porter le fardeau de
l'épiscopat. Il leur dit que plus il examinait les qualités nécessaires pour former un saint évêque, plus il
se croyait incapable d'en remplir le ministère; que
c'était engager un pilote sans expérience sur une mer
orageuse, que de lui confier le gouvernement d'un
peuple qu'il ne connaissait pas et duquel il n'était
pas connu; qu'étant destiné par le Ciel à conduire un
ordre qu'il avait fait naître pour le bien de l'Eglise,
il ne pouvait, sans manquer aux desseins de Dieu,
abandonner le troupeau qu'il avait rassemblé dans la
solitude, pour se charger d'un autre auquel il n'était
pas envoyé avec les assurances d'une mission aussi
certaine.

Toutes ces excuses confirmèrent les légats de plus
en plus dans leur résolution. Ils usèrent de toute leur
autorité, et Lothaire de son pouvoir, pour le faire
obéir sans délai. Norbert fut donc obligé de suivre
la vocation de Dieu qui se déclarait par tant de signes.
On ne voulut pas même lui permettre de retourner à
Prémontré, ni de poursuivre son chemin à Ratisbonne.
Il fallut qu'un religieux acceptât la commission du
comte de Champagne, et qu'il se mît en devoir de
partir pour Magdebourg.

On le livra aux envoyés, qui s'occupaient déjà à
préparer un cortège digne de la grandeur d'un archevêque. Mais l'humble serviteur de Dieu, à qui le
nom seul d'archevêque faisait confusion, déclina
avec force toute pompe fastueuse et toute magnificence.

Les députés se rendirent aux raisons de Norbert.
Pour ne pas faire trop de violence au saint Pontife,

ils passèrent par toutes les conditions qu'il plut à
l'archevêque de leur prescrire ; et tout étant réglé
pour le voyage, Norbert prit congé de Lothaire et
des cardinaux.

LIVRE CINQUIÈME

Entrée de saint Norbert à Magdebourg. — Le portier de l'ar-
chevêché. — Zèle du saint pour la bonne administration des
revenus attachés à sa charge et pour la réforme des mœurs. —
Il se démet du généralat et désigne Hugues pour son successeur.
— Chapitre réuni à Prémontré. — Il appelle ses religieux à Sainte-
Marie de Magdebourg. — Il échappe au poignard d'un assassin. —
Sa grandeur d'âme. — Nouveaux complots contre sa vie.

Si le séjour que Norbert fit à Spire lui attira l'admiration de la cour, sa sortie de la ville ne fut pas
moins un objet d'étonnement pour tous. Un archevêque couvert d'une mauvaise soutane, d'un extérieur
négligé, nu-pieds, monté sur un âne, sans cortége,
le visage exténué, l'esprit abattu, avait quelque chose
de si extraordinaire, qu'on ne pouvait regarder sans
surprise tant de grandeurs et tant d'humilité. Les
villes par lesquelles il passa le reçurent avec des
honneurs d'autant plus grands, qu'il paraissait les
mépriser davantage. On entendait partout les peuples
féliciter Magdebourg, d'avoir obtenu un pasteur si
saint et si propre à sanctifier ses ouailles.

Le voyage ne fut qu'une suite de bénédictions et de réjouissances pour les députés. Norbert seul versa des larmes dans la pensée de ses obligations. Il tomba presque en défaillance aux approches de Magdebourg. Le clergé et le peuple vinrent au-devant de lui. L'idée qu'ils avaient conçue de sa sainteté ne leur laissa rien oublier de tout ce qui pouvait rendre son entrée magnifique. Ils le conduisirent par la ville à travers les applaudissements, tandis que Norbert, d'une contenance modeste et mortifiée, gémissait sur son sort et sur celui du peuple. Il se rendit d'abord à la cathédrale, pour y consacrer à Dieu les prémices de sa charge, et lui demander la grace d'en soutenir le poids avec courage et avec fidélité.

On le mena ensuite au palais archiépiscopal. Le portier, ayant fait entrer les personnes de qualité qui ouvraient la marche, repoussa Norbert, qui terminait le convoi. Comme il le prenait pour un pauvre inconnu qui s'était glissé dans la foule afin de s'introduire dans le palais, il le chassa avec des paroles dures, et lui dit brusquement de se tenir parmi les pauvres. Les assistants, qui s'aperçurent de la méprise du portier, l'avertirent que celui qu'il traitait avec cette indignité, était son maître et son archevêque. Cet homme, rougissant de son incivilité et craignant quelque punition, s'enfuit à l'instant. Norbert, de son côté, le rappela d'un air gracieux et lui dit en souriant : « N'appréhendez pas, mon cher frère, vous me connaissez mieux que ceux qui me forcent aujourd'hui d'entrer dans ce palais. Personne de la compagnie ne m'a rendu plus de justice, puisque vous êtes le seul qui me jugez indigne de remplir un poste où l'on ne m'aurait jamais placé, si l'on avait su m'apprécier à ma véritable valeur. » Norbert, par ces humbles paroles, rassura le domestique ; et loin de venger l'affront, il combla l'offenseur de bienfaits.

Dès que l'archevêque fut en possession de sa dignité, il tourna ses premiers soins, selon le précepte de l'Apôtre, au règlement de sa maison. Il était convaincu qu'il ne pourrait réformer les mœurs de son peuple, s'il n'était lui-même un exemple public de piété et de réforme: Il bannit de chez lui la magnificence des meubles et des équipages. Il régla sa table sur les principes de la frugalité et de la pénitence. Il se regardait comme un homme comptable à la justice de Dieu de ses propres péchés et des péchés de son peuple. Il établit une discipline si édifiante parmi ses domestiques, que son palais ressemblait plutôt à un monastère qu'à une cour. C'était l'asile des pauvres et des ecclésiastiques. Sa charité lui faisait recevoir les premiers comme ses frères, et le respect lui faisait honorer les seconds comme les coadjuteurs de son sacerdoce.

Il s'appliqua, peu après, à s'instruire des biens et des droits de son église. Il en examina les titres, il interrogea les anciens pour prendre des lumières sur l'origine, sur l'état et sur les fonds de l'archevêché. Cette recherche n'était pas suggérée par l'esprit d'avarice. Un homme qui vivait dans la pauvreté, et qui n'avait point d'autre ambition que de mourir pauvrement, était fort à l'abri des tentations de la cupidité. Mais il savait, qu'étant dépositaire du patrimoine de Jésus-Christ, il devait veiller à sa conservation et donner des soins à son recouvrement. Aussi n'épargna-t-il rien pour le défendre contre l'invasion des hommes puissants qui le convoitaient, et pour le retirer des mains de ceux qui le retenaient avec injustice.

L'église de Magdebourg, fondée par la princesse Mathilde, et enrichie par les libéralités de l'empereur Otton 1er, fils de cette princesse, avait été laissée en proie à l'avarice des seigneurs voisins. L'indolence des archevêques et le désir de l'agrandissement de leurs neveux avaient tellement appauvri cette illustre métropole, qu'il ne lui restait presque rien de sa première opulence. Norbert, enflammé d'amour pour la maison de Dieu, entreprit de retirer des mains spoliatrices l'héritage du Seigneur. Il envoya, dans toute l'étendue de son diocèse, des commissaires, pour avertir ses ouailles que Dieu l'ayant constitué dans un ministère qui l'obligeait au péril de son salut d'être attentif à la subsistance des pauvres et aux revenus des saints autels, il n'avait pu apprendre sans douleur, et ne pouvait tolérer sans trahir ses devoirs, que les biens de la mense archiépiscopale passassent, à titre d'hérédité, de famille en famille, et fussent devenus le patrimoine de puissants voisins; qu'il ne devait pas laisser ce sacrilége impuni; que, quand bien même il dissimulerait l'injustice de cette donation, la conscience des détenteurs accusait par ses remords le crime de leur possession, et les obligeait à restituer ce qu'ils ne pouvaient légitimement retenir; que pour rendre leur péché sans excuse et sa conduite sans reproche, il ordonnait, sous peine d'anathéme, aux ravisseurs des biens ecclésiastiques de son diocèse, soit qu'ils les tinssent à titre de succession, soit qu'ils s'en fussent emparés par fraude ou par violence, de les restituer sans délai.

Cette première démarche de l'archevêque alarma les seigneurs de la province. Ils voyaient leur fortune prête à leur tomber des mains par ce coup de foudre. Ils éclatèrent en plaintes et en murmures ; ils se disaient entr'eux : « Quoi ! souffrirons-nous qu'un homme venu ici dans l'équipage d'un misérable, sans autres biens qu'un âne, s'enrichisse à nos dépens? Permettrons-nous qu'on vienne, après plusieurs années d'une possession pacifique, nous arracher les bienfaits de nos parents ? Sera-t-il dit qu'un homme, qui n'est point en état de nous contraindre par la force des armes, aura la hardiesse de nous intimider par la crainte des censures? S'il est aussi homme de bien qu'on nous l'avance, les revenus que ses prédécesseurs lui ont transmis doivent suffire à sa vertu ; mais s'il cache sous les apparences de la sainteté un esprit d'avarice, nous ne devons pas consentir que pour satisfaire son avidité il renverse nos familles. »

Norbert ne fut pas ébranlé de ces discours. Plein de cette ardeur apostolique qui s'anime à la vue des périls, il méprise leurs menaces, il se fortifie dans ses desseins, il réitère les anathèmes, et sans s'émouvoir par les larmes ni s'abattre par la crainte, il contraint les ravisseurs de restituer à l'Eglise les terres dont ils s'étaient emparés.

Le saint prélat usa de la même sévérité à l'égard des clercs qui s'étaient éloignés des saintes prescriptions de leur sublime vocation. Mais Norbert, qui ne mesurait jamais le succès de ses entreprises par les règles de la prudence humaine, espéra, avec le secours de la grace, de ramener les brebis errantes et égarées.

Il employa d'abord la force de la parole, qui toucha

le cœur de quelques-uns, mais qui révolta les autres.
Il fit succéder les menaces aux remontrances, et l'excommunication aux menaces. Il dépouilla des droits
et des honneurs de la cléricature, ceux qui s'opiniâ-
traient dans leur manière de vivre. La persécution
s'alluma, les impies se liguèrent pour arrêter le
courage et réprimer le zèle de leur archevêque. Mais
lui, s'élevant au-dessus des dangers de la mort,
poursuivit avec intrépidité l'œuvre de Dieu, et eut
le bonheur d'atteindre les plus heureux résultats.

La sollicitude pastorale ne lui fit pas oublier les
sentiments d'estime et d'amitié qu'il avait toujours
eus pour le comte de Champagne. Ne pouvant plus lui
servir de directeur dans l'état du mariage qu'il venait
de conclure avec Mathilde, il lui donna deux religieux
pour gouverner sa conscience et dispenser ses aumônes.
Ce comte, qui avait embrassé le tiers-ordre de saint
Norbert, qui portait sous ses habits les marques de
sa dévotion pour l'institut du saint, réglait sa vie sur
les avis de ses directeurs; il leur confiait la distribution de ses charités, qu'ils répandaient dans les hô-
pitaux.

Pendant que le saint archevêque se consacrait
ainsi à l'accomplissement de tous les devoirs de sa
charge, le duc Conrad, qui s'était retiré en Italie
après sa défaite de Spire, poursuivait ses conquêtes
avec tant de rapidité, que Lothaire fut surpris d'apprendre les progrès de son rival. La fortune, qui
flattait les desseins de ce duc, le rendait redoutable.
Les villes, effrayées à la nouvelle de son approche,
s'offraient à lui, aimant mieux le recevoir en qualité de souverain que de vainqueur. Anselme, archevêque de Milan, qui favorisait son ambition, le

couronna roi de Lombardie. Il semblait que le dia-
dème allait échapper à Lothaire, lorsque le pape
Honoré déploya les foudres de l'Eglise pour arrêter
les progrès de l'usurpateur. Norbert, aussi bon sujet
que bon évêque, frappa Conrad d'excommunication.
Frédéric, archevêque de Cologne, Meginer, archevêque de Trèves, suivirent son exemple. Ces coups
éclatants de la part des princes de l'Eglise, ne firent
qu'irriter la colère du conquérant. Il continua, en
dépit des anathèmes, ses brigandages dans l'Italie.
L'Eglise eut beaucoup à souffrir de la violence des
troupes qu'il avait mises en campagne pour s'assurer
l'empire.

Norbert, qui se voyait ainsi engagé dans les affaires
de l'Eglise et de l'Etat par la nécessité de son ministère, comprit qu'il ne pourrait désormais veiller à la
conduite de Prémontré, et qu'en partageant ses soins,
il les rendrait inutiles. Il forma donc le dessein de
faire choisir un général pour l'ordre dont il était le
fondateur. Il manda à Magdebourg les premiers et les
plus considérables de ses disciples, pour délibérer
avec eux sur cette élection.

Ce grand saint, qui connaissait l'importance de ce
choix, n'osa rien décider que par l'inspiration du
Ciel et par les suffrages de ses religieux. Il leur
déclara que la distance des lieux n'avait point
refroidi son amour pour ses chers enfants, qu'il
les porterait éternellement dans son cœur ; mais
qu'ils devaient faire réflexion que par la nécessité
de l'emploi où la Providence l'avait établi, il se
trouvait dans l'impossibilité de remplir les fonctions
de général ; que cette charge demandait un homme
tout entier, qui n'eût pas d'autre occupation que

celle de veiller aux besoins de l'Ordre, de procurer la conservation de sa discipline, et d'être absolument dévoué au salut des particuliers; que lui, à présent chargé de la conduite d'un vaste diocèse, ne pouvait plus diviser ses travaux, ni satisfaire à ce double engagement; qu'il leur fallait jeter les yeux sur un sujet capable de maintenir par sa fermeté et par ses exemples l'œuvre de Dieu; que pour cet effet ils devaient recourir au Père des lumières par l'oraison, par la pénitence, par les aumônes, afin qu'il les éclairât dans le choix qu'ils avaient à faire. »

Norbert joignit ses vœux à ceux de ses disciples. Il eut avec eux plusieurs conférences, persuadé que si le Saint-Esprit se communique à nous par la prière, il se fait aussi entendre dans les assemblées où plusieurs sont réunis en son nom. Après quelques jours passés dans ces saints exercices, Dieu exauça les désirs de Norbert, et lui fit connaître que Hugues était destiné au gouvernement de l'ordre, que ce fils de bénédiction serait l'héritier de son ministère et de son esprit.

Sur cette assurance, l'archevêque fit partir de Magdebourg quelques-uns de ses religieux, pour faire savoir à ceux de Prémontré, que dans la juste appréhension que son absence ne fût une occasion de relâchement, il leur permettait de procéder à l'élection d'un nouveau général; que, sans vouloir leur ôter la liberté du suffrage, il les priait de se souvenir de Hugues, le fidèle coopérateur de ses entreprises dans la fondation de l'ordre.

Il donna cet avis en secret à ses religieux, à leur départ. L'avis fut exactement suivi à Prémontré, où l'on se faisait alors un devoir de se conformer aux volontés de Norbert et de conférer les dignités aux hommes les plus capables. Cette élection, qui sans doute était l'ouvrage de Dieu, fut confirmée par des miracles. Au moment qu'elle se faisait à Prémontré, Hugues, qui était resté à Magdebourg, vit en esprit Norbert qui le présentait à J.-C., et J.-C. qui, le recevant des mains de Norbert, ratifiait son élection. L'humilité lui fit garder le silence sur cette révélation ; mais Norbert, à qui Dieu avait fait la même faveur, assembla les religieux qui étaient auprès de sa personne, et leur dit en prenant Hugues par la main : « C'est vous, mon frère, qui me succédez aujourd'hui ; vous êtes choisi du Ciel pour commander dans la maison de notre pauvreté. » Hugues, à ces paroles, se prosterna devant Norbert, et lui répondit : « Je vois bien, mon père, que je dois obéir, et que malgré ma répugnance, il faut que je sacrifie aux volontés de Dieu et à votre autorité les obstacles qui combattent mon obéissance. J'irai donc, puisque vous me l'ordonnez, dans l'espérance que Celui qui m'élève par sa miséricorde soutiendra son choix par sa grace. C'est en lui que je mets toute ma confiance ; s'il daigne bénir mes desseins, c'est à lui que j'en rendrai la gloire ; mais si pour mes péchés il me refuse son secours, je retournerai auprès de vous, qui, après Dieu, êtes le défenseur de mon âme. Je remettrai entre vos mains le fardeau qu'on a mis sur mes épaules. » Norbert, interrompant Hugues, lui dit, qu'il n'avait rien à craindre ; que le Ciel, qui l'élevait aujourd'hui, serait garant de son choix, et que Dieu serait avec lui jusqu'à la fin, pour l'éclairer de ses lumières.

Hugues, consolé par cette promesse, sortit quelque temps après de Magdebourg. Il signala les commencements de son généralat, par la convocation d'un chapitre, auquel assistèrent les abbés de Saint-Martin de Laon, de Saint-Michel d'Anvers, de Floreff, de Val-Sery, de Cuissy et de Bonne-Espérance. Les nécessités pressantes de l'ordre ne lui permirent pas d'en convoquer un plus grand nombre.

La discipline commençait à chanceler : l'uniformité si essentielle à un corps de religion était déjà altérée par des nouveautés qui faisaient dégénérer le monastère en autant d'ordres ; la diversité des sentiments de la part des supérieurs particuliers, qui n'étaient pas encore fixés par des constitutions, avait produit autant de statuts différents qu'il y avait de différentes humeurs ; certain amour d'une austérité mal entendue avait introduit un esprit monastique dans quelques maisons, et une indulgence outrée avait fait glisser dans les autres des adoucissements dangereux : de sorte que rien n'était plus nécessaire que de remédier à cet abus, et le plus prompt remède était un chapitre général.

Il opéra en effet tout le fruit que Hugues en attendait. Il y fut arrêté, par les conseils de Norbert, que le général serait perpétuel. On jugea qu'il était plus facile de trouver un homme capable de gouverner un ordre que d'en trouver plusieurs, et qu'un général qui n'est point stable dans sa dignité, ne peut rien entreprendre de grand ; les progrès durables demandant pour leur exécution un temps considérable. On établit sur la même maxime la supériorité perpétuelle des abbés et des prévôts. On ordonna que le chapitre général serait le dernier et le souverain tribunal de l'ordre, auquel le chef et les membres seraient soumis.

Par ce tempérament, on modéra le gouvernement d'un seul en le mêlant d'aristocratie. On adoucit l'austérité du jeûne, que l'expérience avait fait connaître n'être point praticable à tous; de continuel qu'il était, on le changea en un jeûne de sept mois. On prescrivit des règles aux pasteurs, aux aumôniers, aux confesseurs des princes, aux abbés et aux officiers subalternes. Enfin, après un long détail des devoirs communs et particuliers, il fut déterminé qu'à l'avenir tous les abbés et les prélats, qui étaient pour lors les seuls qui fussent revêtus du caractère de supérieurs, se rendraient chaque année, le jour de saint Denys, à Prémontré, pour y réparer et maintenir la discipline régulière dans un chapitre général.

Le saint patriarche, qui était éclairé des plus pures lumières du Saint-Esprit, nous a enseigné, par son exemple, que dans les affaires qui concernaient le bien public, il était toujours avantageux de prendre conseil de ses inférieurs mêmes. Aussi lisons-nous qu'il ne voulait rien décider sur le genre de vie, sur le choix de la règle, sur l'élection d'un successeur, qu'il n'eût demandé le suffrage à ses disciples. Depuis qu'il fut archevêque il garda la même méthode. Il leur communiquait les desseins qu'il avait formés aux pieds des autels, pour la réformation de son diocèse, avant que de les exécuter.

Ce fut pour avoir auprès de lui un conseil permanent, qu'il essaya plusieurs fois d'établir ses religieux à Magdebourg. Il y avait près du palais archiépiscopal une église collégiale de douze chanoines. Elle avait été érigée en 1015, par le B. Geron V, archevêque, et dotée des biens de l'hôpital de Rotersdorff, fondée par l'empereur Otton le Grand. Depuis la destruc-

tion de Rotersdorff les revenus de l'hôpital avaient
été unis à Sainte-Marie pour l'entretien des chanoines.
Cette église, qui subsistait depuis plus d'un siècle,
était diminuée de sa splendeur, et les chanoines
avaient perdu leur première régularité. Les biens
étaient pour la plupart usurpés. Ceux qui avaient
échappé à l'avarice des seigneurs voisins demeuraient
incultee par la négligence des possesseurs. La décence
de l'office divin se ressentait de la pauvreté des ministres.

Norbert, qui avait fort à cœur le rétablissement
de la discipline, employa divers moyens pour ramener les chanoines à la sainteté dont ils étaient dé-
chus. Tous ses efforts ayant été inutiles, il s'avisa
pour leur bien, pour l'honneur de l'Eglise, et pour
sa propre consolation, de leur proposer la substitution des religieux de son ordre. Il intéressa la religion
du roi Lothaire, auquel il fit comprendre qu'il était
de la gloire de Dieu de réparer le scandale; qu'il
était de l'intérêt de l'Eglise de mettre en leur place
des religieux qui édifiassent le public par la sainteté
de leur conduite, qui aidassent les pasteurs dans l'acquit de leurs fonctions, et qui offrissent des prières
agréables à Dieu pour la prospérité de son règne.

Lothaire, touché de ces considérations, agréa ce
changement; mais les intéressés y formèrent des obstacles. Ils firent leur remontrance au roi; mais ils
ne purent fléchir la résolution du prince, et ils furent
contraints d'acquiescer à ses ordres. Ainsi Norbert,
soutenu de l'autorité de Lothaire, introduisit ses religieux dans Sainte Marie le 29 octobre de l'année
1129, comme il se voit par cette charte.

« Au nom de la sainte et individuelle Trinité, nous

Norbert, par la grace de Dieu archevêque de l'église de Magdebourg, faisons savoir à toutes les personnes tant futures que présentes, qu'ayant considéré l'état de l'église de Magdebourg, désirant la rendre plus recommandable par la religion, la rétablir dans ses immunités, réformer les abus qui s'y sont glissés, et perfectionner le bien que nous y avons établi; nous étant donc aperçu que l'église de Sainte-Marie, située dans cette ville, était si étrangement tombée en décadence, au dedans et au dehors, que les édifices mêmes de l'église étaient presque tous ruinés, et que les douze clercs destinés pour y faire les offices divins, n'avaient pas de quoi y subsister, une partie de leurs fonds ayant été distribuée aux officiers du prince, une autre laissée inculte par leur négligence, et la troisième envahie par leurs voisins, sans espérance de pouvoir les récupérer; nous, ayant égard à leur pauvreté et à leurs plaintes fréquentes, souhaitant d'ailleurs de voir plutôt croître l'Eglise que de la voir diminuer, nous avons obtenu d'eux par nos prières, par nos conseils et par nos exhortations, qu'ils céderaient leur église à des personnes religieuses, professant la vie commune sous la règle de saint Augustin, et qu'ils l'abandonneraient absolument à notre disposition sans restriction aucune: Or, voulant les remettre sous la discipline claustrale, sous laquelle ils vivaient auparavant sous l'obéissance d'un doyen, nous les avons incorporés dans d'autres églises. Quelques-uns ont été placés dans l'église de Saint-Nicolas. Nous avons assigné aux autres une portion des revenus de Sainte-Marie pour leur entretien, et avons en même temps transféré à nos frères les anciens droits et fonds qui appartenaient à l'église de Sainte-

Marie ; et pour leur procurer plus solidement la tranquillité et le repos, nous avons ordonné qu'ils ne répondraient à l'avenir qu'à nous et à nos successeurs archevêques. Afin donc que ces choses demeurent à jamais inébranlables, nous les avons confirmées par l'autorité des saints Pierre et Paul, et par la nôtre, promettant à ceux qui les conserveront la paix et la rémission de leurs péchés. Que si quelque personne, de quelque qualité qu'elle soit, osait détruire le fruit de notre travail, ou par un attentat téméraire troubler les pauvres de J.-C. ou sous quelque prétexte les chasser de leur église, qu'elle soit anathème jusqu'au jour du Seigneur. Fait l'an de l'incarnation de Notre-Seigneur 1129. Indict. 7, le 4 des kal. de novembre, dans l'abbaye de Saint-Jean-Baptiste, du faubourg de la ville de Magdebourg. »

Norbert, pour donner plus de solidité à son ouvrage, s'adressa au pape Honoré. Il en obtint des bulles confirmatives de l'introduction de l'ordre de Prémontré à Sainte-Marie de Magdebourg. Muni de l'approbation du saint-siége, il ne songea plus qu'à fournir au nouvel établissement des sujets capables de soutenir les grandes espérances qu'il en avait conçues. Evermode fut celui que le saint destina au gouvernement de cette prévôté. Son choix fut uniquement applaudi.

La maison de Dieu, sous la direction du vertueux supérieur, commença bientôt de fleurir en piété et en doctrine. Brûlant du même zèle que son archevêque, ils prirent ensemble les mesures les plus justes pour faire revivre la pureté des mœurs et de la discipline ecclésiastique. Il confia à ses religieux l'administration de six paroisses de la ville épiscopale, et il en distribua

quatorze autres en différentes églises de la campagne.
Ces sages pasteurs servirent de modèles aux autres
ecclésiastiques, et firent renaître par leurs prédications la piété dans le diocèse, pendant que d'autres
missionnaires que le saint archevêque avait envoyés
dans l'Esclavonie, embrasaient cette grande province
du feu de l'Evangile. La foi y était obscurcie par la
superstition, la barbarie et l'ignorance avaient éteint
le flambeau des vérités célestes, à peine y voyait-on
quelques traces de la religion chrétienne, lorsque
nos apôtres allèrent y rétablir le royaume de Jésus-
Christ.

Norbert recueillait ainsi les fruits de ses travaux,
lorsque le démon souleva des impies qui s'efforcèrent
d'en arrêter les progrès. Une troupe de scélérats cons-
pira contre la vie du saint archevêque, et, par l'espérance d'un modique salaire, engagea un misérable
à se rendre le ministre de leur fureur. Il convint avec
eux du jour et du supplice, et épia les circonstances
favorables à l'exécution de ce détestable parricide.

Il entre dans le palais, travesti en pénitent, cachant
le poignard sous le manteau; il se présente à la porte
de la chapelle épiscopale où Norbert était occupé à
entendre les confessions, le jeudi saint, et prie le
portier de lui permettre d'entrer pour se confesser à
son pasteur.

Le portier, inspiré d'en haut, refuse la porte
et va donner avis à l'archevêque avant que de l'introduire. Norbert, à qui Dieu avait révélé la con-
juration, fait attendre le meurtrier. Après que tous
les pénitents furent confessés, l'archevêque fit venir
l'assassin; il étudia ses mouvements, il examina sa
contenance, et lui défendit d'approcher. Il ordonna

à un domestique de lever le manteau du traître, sous
lequel on vit le poignard.

A la vue de ce spectacle, Norbert lui demanda d'un
visage tranquille, comme autrefois Jésus-Christ à
Judas : « Mon ami, quel dessein vous amène ? » Ces
paroles, si pleines de douceur, jetèrent le trouble
dans le cœur du parricide. La conviction de son crime
lui fit appréhender le supplice, et la présence du domestique l'empêchait de consommer son attentat. Il
n'eut donc plus d'autre parti à prendre que de recourir à la clémence de son archevêque. Il se jette à ses
pieds, il lui déclare les larmes aux yeux le secret de
la conspiration, et lui en découvre les complices.

Quelques domestiques accoururent au bruit qu'ils
entendirent dans la chapelle. Ils furent extrêmement
surpris d'apprendre de la bouche du meurtrier, que
ceux qui avaient le plus de part à la confidence de
Norbert avaient été les auteurs de cette conspiration,
et qu'un nommé Attique, que le saint avait comblé
de bienfaits, était le chef du complot. Le vertueux
archevêque, qui remarqua l'étonnement peint sur le
visage des spectateurs, leur parla de la sorte : « De
quoi vous étonnez-vous, mes frères ? Jésus-Christ,
mon Seigneur et mon modèle, va être livré cette
nuit entre les mains de ses ennemis par un de ses
disciples ; devais-je être plus privilégié que mon
Maître ? O que je serais heureux si, dans le temps
qu'il expira pour nous, je mourais pour lui par les
mains de ceux que je comptais au nombre de mes
amis. C'est dans ce jour que sa miséricorde ouvre son
sein pour y recevoir les plus grands pécheurs, et qu'il
donne en mourant la vie aux morts. Que n'ai-je donc
été assez heureux pour mourir dans ce jour de salut :

j'aurais espéré de sa miséricorde la rémission de mes péchés. Mais, puisque je n'ai pas été digne de cette grace, et qu'il a plu au Seigneur de me laisser encore sur la terre, soumettons-nous à ses ordres, et ne haïssons pas ceux qui ont voulu abréger nos peines en nous procurant la mort. C'étaient nos amis, il est vrai; deviendront-ils nos ennemis? Non; il ne sied pas à un chrétien de se venger, en considérant Jésus-Christ qui ne s'est pas vengé. Prions plutôt, à son exemple, pour ceux qui nous persécutent; bénissons ceux qui nous calomnient. »

Il allait renvoyer l'assassin sur l'heure même, si ses domestiques ne lui eussent représenté qu'il serait utile au salut de ses complices, de le renfermer pendant quelques jours, afin que sa détention les fît rentrer en eux-mêmes. Ce ne fut qu'avec répugnance que l'archevêque consentit à cette espèce de punition. Son cœur, qui était sans amertume, ne put se résoudre qu'avec peine à faire souffrir au coupable un châtiment qui était plutôt la correction d'un père que la sentence d'un juge.

Cette excessive clémence, qui aurait dû désarmer ses ennemis, les enhardit au crime. Sûrs de l'impunité, ils renouvelèrent la persécution contre lui. Dans la crainte qu'il n'échappât à leur cruauté, ils firent entrer dans leur complot un misérable, que l'archevêque traitait avec la plus grande bonté et qui avait l'honneur de manger à sa table et de loger dans son palais. Ce perfide, contre tous les sentiments de la nature et les devoirs de la reconnaissance, se ligua avec Attique et quelques mécontents. Ils tinrent plusieurs assemblées secrètes, ils proposèrent divers moyens, mais tous également barbares, pour se défaire de leur pasteur. Le plus prompt et le plus efficace, fut de le poignarder de nuit, dans un passage par où il allait à l'église.

Le scélérat, qui s'était chargé de cette sanglante action, attendit l'archevêque dans le défilé lorsqu'il passerait à minuit pour se rendre à matines; il se mit en embuscade vers la porte, le poignard à la main, et laissa passer la suite du prélat jusqu'au dernier qui la fermait. Il crut que c'était l'archevêque; s'étant jeté sur lui, il le perça d'un poignard. Le chapelain, renversé et nageant dans son sang, poussa un grand cri : l'assassin reconnut son erreur à la voix du blessé et se sauva.

On allait le poursuivre; Norbert l'empêcha par son autorité. « Laissons, dit-il, échapper ce malheureux en paix, et ne lui rendons pas le mal pour le mal. Mon heure n'est pas encore venue; attendons-la avec patience. Ceux qui ont armé sa main contre moi n'ont pas perdu l'envie de me donner la mort; ne perdons pas la volonté de mourir. Si Dieu juge à propos de me délivrer de leur fureur, je ne dois pas appréhender les conseils de leur malice; mais si je dois périr par leurs mains, réjouissons-nous d'être la victime de Jésus-Christ. »

Ce fut toute la vengeance que lui permit sa charité, plus grande que la rage de ses ennemis. Ce péril, évité par une protection spéciale de la Providence, redoubla son zèle pour la défense des droits de son église. Le seigneur d'un village (on le nommait Boulant ou Rumeland) s'était approprié un petit vignoble, affecté par les bienfaiteurs au sacrifice de la messe. Norbert, faisant la visite dans cette contrée, vint trouver le gentilhomme, et le pria de restituer à

l'église le bien dont il l'avait dépouillée. L'usurpateur, qui s'était endurci l'âme par mille brigandages, demeura ferme contre les prières et les menaces de l'archevêque. Il lui répondit fièrement qu'il
ne redoutait ni ses anathêmes, ni la colère de saint
Maurice dont il voulait l'effrayer. « Hé bien, lui
répliqua l'archevêque, je vous prédis qu'avant la fin
de cette année vous serez chassé du bien que vous
possédez injustement, et que Dieu, vengeant par lui-
même la cause de ses autels, vous fera sentir combien
il est dangereux de porter la main sur le patrimoine
de Jésus-Christ. » L'effet suivit de près la prophétie ;
peu de temps après, ce malheureux, qui avait livré
la guerre à Dieu, périt en la faisant aux hommes.

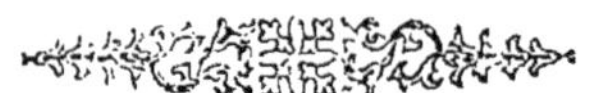

LIVRE SIXIÈME

Scandale dans la cathédrale de Magdebourg. — Soulèvement du peuple. — Saint Norbert est forcé de se réfugier dans une tour. — Sa fermeté et son intrépidité. — Il doit quitter sa ville épiscopale et s'exile dans l'abbaye de Pétersberg. — Repentir de son peuple. — On lui délègue des députés. — Sa rentrée triomphale. — Ses touchantes paroles. — Nouveaux progrès de l'ordre de Prémontré en Flandre et dans le Brabant. — Il lui confie l'hôpital de saint Adelbert.

Un évènement déplorable vint encore affliger le cœur du saint archevêque. Un grand scandale avait profané sa cathédrale. Selon les règles canoniques, l'église devait être réconciliée, et le saint invita les évêques d'Havelberg et de Misne, ses suffragants, d'assister à la solennité expiatoire, qu'il fixa au 30 juin.

Quelques jours avant la cérémonie, pendant le discours de l'archevêque, un murmure s'éleva dans l'église. Ce tumulte lui fit conjecturer que la solennité qu'il s'était proposé de faire avec éclat ne se passerait pas sans émotion. C'est pourquoi le jour fixé étant venu, et le prélat, désirant éviter tout désordre, résolut de faire la cérémonie pendant la nuit. Quelque secret qu'on eût gardé dans le conseil de l'archevêque, on ne put empêcher que la délibération ne fût connue de ceux qui l'avaient désapprouvée. Ils gagèrent des espions pour veiller et leur donner avis des mouvements de Norbert. Sitôt qu'il sortit de son palais, accompagné de deux suffragants, du prévôt de la cathédrale et de ses religieux, les gens qui avaient été postés dans les avenues, coururent par la ville, donnèrent l'alarme dans tous les quartiers, animèrent la populace à la défense du sanctuaire, accusant Norbert de briser les autels, d'enfoncer le tabernacle, de piller le trésor, d'emporter les reliques et d'avoir le projet de fuir, après qu'il se serait chargé des richesses de son église.

Le peuple, naturellement accessible aux impressions de la calomnie et jaloux de sa religion plutôt par caprice que par zèle, sort en fureur les armes à la main, investit la cathédrale, tâche d'enfoncer les portes et de pénétrer dans l'église. Le bruit des armes, les clameurs confuses et menaçantes de la bourgeoisie, effrayèrent les deux suffragants qui venaient d'achever la consécration. Mais l'archevêque, avec un courage intrépide, voulut sortir de l'église pour calmer le tumulte. On l'empêcha d'exposer sa personne à la discrétion d'une populace mutinée; on le contraignit même de se réfugier dans une tour bâtie par l'empereur Otton Ier, en forme de forteresse, où l'on espéra que la vie du saint serait à couvert des insultes de ses ennemis. Les évêques d'Havelberg et de Misne avec le prévôt et les clercs assistants, se retirèrent dans le même asile; le peuple ne les y eut pas plus tôt aperçus, qu'il redoubla ses cris, et menaça de les égorger s'ils sortaient de la tour.

Durant ces clameurs, minuit sonna. Norbert et ses compagnons se mirent en prières. Ils chantèrent matines de saint Paul, dont l'église faisait ce jour-là l'office. L'oraison leur rendit des forces, et ils se consolèrent de leur captivité en pensant à celle que saint Paul avait soufferte pour Jésus-Christ. Les prélats et les prêtres de leur suite attendaient donc avec constance l'issue de l'émotion populaire. Il n'y avait que deux ou trois soldats enveloppés dans le même danger, qui se désolaient à la vue d'une mort inévitable; l'archevêque releva leurs forces abattues, par la force de ses discours. « C'est pour la cause de Dieu que nous souffrons, mes frères, leur dit-il, c'est à la Providence à nous tirer du péril. N'appréhendez pas, notre sort est entre les mains de Dieu. Des rebelles peuvent bien nous étonner par leur audace, mais ils ne peuvent pas, sans un ordre de Dieu, nous faire périr par le fer. Le danger est grand, je l'avoue, mais la puissance du Maître que nous servons est encore plus grande. Il a brisé les chaînes de saint Paul. Le bras qui a opéré ce miracle en faveur de l'Apôtre, n'est point raccourci à l'égard de ses disciples. Invoquons le secours de la grace, jetons-nous avec confiance dans le sein de sa miséricorde, et animons-nous à souffrir par l'exemple du saint dont l'Eglise propose aujourd'hui les grands exemples à notre admiration et à notre imitation »

La nuit se passa en des exhortations pathétiques, par lesquelles le saint archevêque fortifiait le courage des compagnons de sa captivité. Il joignit à ces paroles, des oraisons ferventes qu'il adressait à Dieu pour obtenir la délivrance de leurs maux, ou le courage de mourir en chrétiens.

Les assiégeants, au lieu de se radoucir par la piété de leur pasteur, s'animaient de plus en plus à sa perte. Dès que l'aurore commença à paraître, ils livrèrent l'assaut aux prisonniers : les uns escaladaient la tour, les autres soutenaient à coups de flèche les efforts des assaillants. Enfin, les rebelles se rendirent maîtres de la forteresse. Norbert, dans cette extrémité, s'avança seul vers les rebelles, et leur dit : « Vous n'en voulez qu'à un seul homme, pourquoi en attaquez-vous plusieurs ? c'est moi que vous cherchez, arrachez-moi la vie et la conservez aux autres. Norbert est le coupable, c'est dans son sang qu'il faut laver son crime, mais ne versez pas celui des innocents sous prétexte de punir un criminel. »

Il prononça ces mots d'un ton majestueux, revêtu de ses habits pontificaux. Les paroles du pasteur, semblables à un éclat de foudre, effrayèrent les révoltés et amollirent leur cruauté ; de sorte que, subitement transformés, ils se jetèrent à ses genoux, lui demandèrent pardon, et lui offrirent le secours de leurs armes, pour le garantir des dangers dont il était environné.

Tandis que l'archevêque triomphait ainsi, un de ses gens, qui se trouvait à un poste avancé, reçut un coup d'épée dans la gorge, et tomba demi-mort aux pieds de son ennemi. Cet accident enflamma la charité de Norbert ; il fend la presse, malgré l'opposition de ses amis, il se jette à travers les épées nues, il s'abandonne comme un autre Jonas au gré de la tempête, afin de sauver un serviteur fidèle près de périr pour sa défense.

Le meurtrier, qui avait encore ses mains fumantes du sang de l'homicide, reconnut l'archevêque à la voix, leva l'épée et lui en porta un coup dans l'épaule. Dieu rendit son serviteur invulnérable ; il ne resta aucun vestige du coup qu'il avait reçu, sinon une goutte de sang qui coula de l'épée de l'assassin sur la mitre de Norbert, et qui s'y attacha si fortement, que ni le temps ni les efforts ne purent l'effacer ; Dieu voulant ainsi donner un monument de sa protection sur son ministre et un signe de confusion pour les coupables.

Les complices de ce sacrilège attentat reconnurent par ce prodige qu'ils combattaient contre Dieu en attaquant le saint prélat. Leur fureur s'apaisa ; ils s'offrirent d'être les médiateurs de la paix, après avoir été les instruments de la haine. On apporta les reliques de la cathédrale, comme pour être les garants et les otages d'une réconciliation sincère ; mais cet appareil de religion n'était qu'un prétexte, sous lequel on cachait les plus mauvais desseins. Les ennemis du prélat, et parmi eux se trouvaient des membres du chapitre aveuglés par l'envie et la passion, demandèrent, pour préliminaire du traité, que l'archevêque chassât ses religieux de l'église de Sainte-Marie, qu'ils occupaient, disaient-ils, malgré le clergé et le peuple. Ils ajoutèrent que s'il n'agréait la condition de bonne grace, ils la lui feraient accepter par la force des armes.

L'archevêque, indigné d'une telle proposition, leur répondit qu'il n'était pas juste d'acheter la paix des hommes par la destruction de l'ouvrage de Dieu ; qu'il avait fait entrer ses religieux dans Sainte-Marie par le consentement du roi, par l'autorité du pape et pour le bien de l'Eglise ; que les mêmes raisons qui l'avaient engagé à les établir, l'obligeaient à les conserver, et que tant qu'il vivrait, il espérait de la piété des princes qui avaient concouru à ce dessein, qu'ils le maintiendraient par leur pouvoir.

Pendant cette contestation, le principal magistrat, qui, absent depuis quelques jours, rentrait dans la ville, aperçut cette troupe de gens armés. Il s'avance, il s'informe du sujet de la sédition, il les fait retirer, et leur donne jour pour venir par devant lui porter leurs plaintes, les assurant qu'il leur ferait justice. Les mécontents se séparèrent. Norbert, avec ses collègues, descendit dans l'église pour célébrer la sainte messe en action de graces du calme qui avait succédé à l'orage. Comme il montait à l'autel, il fit approcher les assistants, et leur dit : « Vous voyez, mes frères, que les autels que l'on m'accusait d'avoir dépouillés, n'ont rien perdu de leurs ornements ; les reliques et les vases sacrés que j'avais ravis sont encore tout entiers. Jugez donc combien je suis innocent du sacrilège dont on m'avait noirci. » Après la messe, il se retira dans son palais, non pour y prendre du repos, mais pour se préparer à d'autres combats.

Dès le lendemain, ses ennemis renouèrent leurs intrigues, et cherchèrent des moyens plus efficaces pour perdre le saint homme, qu'ils disaient publiquement n'être sorti de leurs mains que par les secrets de la magie. Ils résolurent donc, dans leur assemblée, que, quand le jour de l'audience du magistrat serait arrivé, chacun boirait une large mesure d'hydromel ou de vin, pour se mettre en état de plaider la cause, et de la décider par la force, si le juge ne la terminait pas à leur gré.

Cette résolution, formée dans l'ivresse du vin et de la vengeance, était un mystère que tous les conspirateurs promirent par serment de ne point révéler. Néanmoins, comme l'iniquité enfantée dans les ténèbres ne peut long-temps demeurer dans l'obscurité qui la vit naître, le Seigneur permit que les projets mystérieux des ennemis de Norbert lui fussent connus presque aussitôt qu'ils furent formés. Les personnes, qui lui en donnèrent avis, lui conseillèrent d'en prévenir les effets par la fuite. L'archevêque, accoutumé à se trouver exposé aux plus grands dangers, négligea les conseils de ses amis, déterminé à ne pas quitter son troupeau, et résigné à mourir pour la défense de son Eglise.

Il attendait dans ces dispositions les ordres de la Providence, lorsqu'on vint lui dire que toute la ville était en armes, que les soldats pillaient l'église de Sainte-Marie et en chassaient les religieux avec une fureur sans exemple. Il reçut cette nouvelle sans s'émouvoir, et répondit en souriant à ceux qui la lui apportaient, qu'il n'avait rien à craindre de ce côté-là, que ce que le Père céleste avait planté de sa main, ne serait pas arraché par la main des hommes.

A peine eut-il achevé, qu'un second messager lui ajouta que les rebelles s'avançaient vers son palais. Ses domestiques le conjurèrent de se dérober à la rage de ces forcenés; ils lui représentèrent que le Sauveur du monde, le plus parfait modèle des pasteurs, avait évité par la retraite la persécution de ses ennemis; qu'il ne fallait pas prodiguer sa vie, quand il était plus utile de la conserver pour le salut de son troupeau, que de la donner pour sa félicité propre;

que Jésus-Christ lui tiendrait plus de compte d'une
fuite prudente que d'une fermeté indiscrète.

Il se rendit à ses raisons, et se retira dans l'abbaye
de Saint-Jean, pour lors située dans les faubourgs, et
qui est aujourd'hui au centre de la ville. Il n'y fit
de séjour qu'autant qu'il en fallait pour régler les
affaires les plus pressantes de son diocèse. Il passa de
là au château de Hall, qui dépendait de la mense archiépiscopale, ne voulant pas exposer les bénédictins de Saint-Jean aux insultes d'une soldatesque ef-
frénée. Mais s'étant présenté devant son château pour
y entrer, il trouva que ses ennemis s'en étaient emparés, afin de lui enlever toute sorte d'asile, et de le
réduire à la nécessité d'être toujours fugitif, ou de
tomber entre leurs mains.

Dans cette nécessité, il vint à l'abbaye de Pétersberg, à deux lieues de Hall et à neuf lieues de Magdebourg, demander une retraite aux chanoines réguliers. Cette abbaye, qui depuis a été sécularisée par
les ducs de Saxe, et qu'ils ont ensuite vendue au marquis de Brandebourg, reçut avec plaisir son archevêque, à qui elle avait de grandes obligations.

Cet illustre exilé édifia les religieux par la sainteté
de sa conduite et la constance de son courage. Assidu
à tous les exercices de la vie régulière, il ne se distinguait parmi eux que par la sévérité de sa pénitence
et par la ferveur de ses prières. Souvent prosterné
aux pieds des autels, il s'adressait à Dieu par ses larmes pour le salut de son peuple; il s'offrait avec saint
Paul d'être anathème pour ses ouailles, plutôt que
de consentir à la perte d'une seule de son troupeau;
il souhaita même plus d'une fois de verser son sang
pour apaiser la colère du Seigneur, qu'il ne croyait

pas pouvoir fléchir par ses pleurs. Cependant le Dieu de toute consolation entendit sa prière, et l'exauça. La passion, qui avait jeté le voile sur les yeux du peuple, s'apaisa par l'éloignement de l'archevêque; son absence fit sentir la grandeur de sa perte, et les auteurs de son bannissement furent les premiers à solliciter son rappel.

La résolution en fut prise dans une assemblée publique. Mais comme chacun jugeait de la difficulté de cette négociation, par le nombre des outrages qu'il avait faits à son pasteur, les moyens qu'on proposa pour l'engager à revenir, paraissaient d'un succès douteux. Après plusieurs délibérations, il fut enfin arrêté de lui envoyer une ambassade solennelle à Pétersberg.

Les députés y vinrent, et lui témoignèrent, au nom de toute la ville, la douleur qu'elle avait de son absence, la disposition sincère où elle était de réparer, par de très-humbles satisfactions, l'attentat qu'elle avait commis contre sa dignité; ils ajoutèrent que, pour mériter sa clémence, ils venaient apporter à ses pieds les cœurs et les trésors de son peuple, et lui jurer de la part de son diocèse un attachement invariable.

Norbert reçut les compliments des députés avec la joie d'un pasteur charmé de retrouver ses ouailles. Il les remercia de leurs offres obligeantes, et leur dit qu'un évêque ne cherchait pas l'argent des fidèles, mais leur amour; que Jésus-Christ, qui l'avait établi pasteur, lui avait défendu d'être mercenaire; que loin de désirer leurs richesses, il s'était fait une loi de se dépouiller des siennes, et que si sa conduite ne les avait pas encore convaincus de son désintéressement, c'est parce qu'ils n'avaient pas su démêler entre ce qu'il avait entrepris pour l'intérêt de l'Eglise, et ce que des imposteurs voulaient qu'il eût fait par principe d'avarice ; qu'à l'égard des satisfactions, il n'en demandait point d'autre que celle de leur douleur ; que tous les mauvais traitemens qu'il avait soufferts de leur part, étaient ou la punition de ses crimes ou la récompense de son zèle ; qu'ainsi ils pouvaient assurer Magdebourg qu'il oubliait sans peine une offense qui ne l'avait jamais aigri contre elle ; que néanmoins il demandait que ceux qui avaient pillé et abattu la maison de son officier, après lui avoir presque ôté la vie, le dédommageraient de toutes ses pertes.

Les députés acceptèrent avec reconnaissance les conditions que l'archevêque leur prescrivit, et retournèrent promptement à Magdebourg porter la nouvelle de la réconciliation. On se mit aussitôt en devoir de réparer la maison de l'officier ; on lui délivra quarante marcs d'argent pour payer les médecins et les chirurgiens qui l'avaient traité. On ne se borna point à cette satisfaction. Toute la ville, souhaitant de faire une amende honorable à la dignité du sacerdoce violée dans la personne du saint, alla en procession le chercher à Pétersberg, d'où elle le conduisit au château de Hall, et de là à Magdebourg, où il fut reçu en triomphe.

Norbert souffrit davantage de l'éclat de cette pompe que de son exil. Une multitude innombrable le suivit jusque dans l'église cathédrale, où, après avoir offert ses vœux à Dieu, il fit un discours à son peuple.

« Mes frères, leur dit-il, je vous avais quitté avec tristesse ; mais, par la miséricorde de Dieu, voilà que je retourne à vous avec joie. L'ennemi de la paix, qui se plaît à semer la discorde dans le monde, avait excité le schisme parmi nous. Cet ange de ténèbres, qui a jeté les fondements de son empire par la division, ne s'étudie qu'à le perpétuer et à l'étendre par la discorde, afin d'enlever le pasteur, et de laisser ainsi les brebis errantes sous la conduite d'un mercenaire, qui les précipite dans l'abîme. C'est sans doute par ce motif, mes chers frères, que le démon, jaloux de l'unité qui régnait entre nous, a troublé l'intelligence si nécessaire pour votre salut, si essentielle pour le succès de mon ministère et pour notre bonheur commun. Il a réussi dans son fatal dessein ; vous le savez, mes frères, et il a fallu que je cédasse à l'orage, après l'avoir inutilement conjuré. Mais, graces en soient rendues au Dieu de la paix ! Jésus-Christ, qui semblait dormir durant la tempête, s'est enfin éveillé à nos clameurs. Il a commandé aux vents et à la mer, et le calme nous est revenu. Conservons-le, et entretenons cette paix précieuse que le démon nous avait ravie, que le monde ne pouvait nous rendre, et que le Sauveur nous a fait recouvrer par un effet de sa grace. Réunissons nos cœurs dans le lien de la charité, et que cette unanimité admirable, qui régnait parmi les premiers fidèles, revive à jamais parmi nous. Ne craignez pas, mes frères, que les peines que vous avez cru me faire aient altéré la tendresse que je vous dois, et que je n'ai pas perdu un seul moment ; quand même j'aurais eu l'intention de venger, non ma personne, mais le caractère dont Dieu m'a honoré, la réparation que vous venez de lui faire doit tenir lieu d'une satisfaction abondante qui a effacé jusqu'au souvenir des troubles passés.

» Il ne me reste donc plus qu'à prier le Dieu de consolation et de paix d'affermir la tranquillité qu'il vient de nous accorder. Joignez vos prières aux miennes, et efforçons-nous de mériter, par nos bonnes œuvres, la persévérance dans notre vocation, afin que le Père des miséricordes soit glorifié par nous pendant cette vie et dans les siècles des siècles. Ainsi soit-il. »

Le clergé et le peuple ne purent refuser des larmes à un discours animé de tout le zèle d'un archevêque et de toute la tendresse d'un père. Les graces et l'onction qui étaient répandues sur ses lèvres firent de si vives impressions sur les auditeurs, que depuis on ne vit jamais un peuple si attaché à son évêque.

Au milieu des persécutions que le saint fondateur endurait à Magdebourg pour l'accomplissement de ses devoirs et le progrès de son Ordre, il eut la consolation d'apprendre qu'il se multipliait en différentes provinces. Burchard, évêque de Cambrai, appela les enfants de Norbert à Grimberg, près de Vilvorde dans le Brabant. Cette abbaye avait été fondée sous l'épiscopat d'Eude, pour les chanoines réguliers de saint Augustin. Ceux-ci furent obligés de l'abandonner par le malheur des temps, et de la remettre entre les mains de l'évêque Burchard, qui y appela les religieux de Prémontré. Parut en même temps la célèbre abbaye de Middelbourg en Zélande, qu'Adrien et Jacques, tous les deux sacrifiés à Gorcum par les calvinistes, ont encore rendue plus respectable par leur martyre. Godefroy, surnommé le Barbu, duc de la Basse-Lorraine et comte de Louvain, jeta les fondements de l'abbaye du Parc aux portes de Louvain, et attribua, à perpétuité, la charge de grand aumônier des ducs de Brabant, aux abbés de ce monastère.

Ainsi florissait l'Ordre de Prémontré dans les pays étrangers par la piété des enfants de Norbert, pendant que Norbert, jouissant enfin de la paix, s'appliquait à réformer les abus de son diocèse. Il s'en était glissé de très-scandaleux dans l'administration de l'hôpital de Saint-Adelbert. Les revenus, destinés par les fondateurs à la nourriture des pauvres, ne servaient qu'à entretenir l'abondance des riches. L'archevêque, pour assurer à l'avenir le patrimoine des indigents, transféra à ses religieux de Sainte-Marie la direction des revenus de l'hôpital, comme il se voit par la charte qui suit :

« Au nom de la sainte et indivisible Trinité, Norbert, par la grace de Dieu, archevêque de la sainte église de Magdebourg. Adelberg, archevêque, notre prédécesseur de pieuse mémoire, ayant fait construire, par sa libéralité, un hôpital auprès de l'église de la bienheureuse et glorieuse Vierge Marie, nous l'avons trouvé, contre nos espérances, presque anéanti ; de manière que ceux qui devaient y recevoir leur subsistance ordinaire, étaient contraints de mendier honteusement et misérablement leur vie. Nous, touché de compassion sur leur malheur, de l'avis et consentement des anciens, avons confié et transféré, à perpétuité, le soin et la régie de cet hôpital avec toutes ses dépendances, à nos frères de l'église de Sainte-Marie. Fait en présence de Ludolphe, évêque de Brandebourg, l'an 1130 de l'Incarnation de Notre-Seigneur. »

Cet hôpital a subsisté jusqu'à l'époque (1631), à laquelle le comte de Tilly ayant réduit la ville en cendres, l'hôpital fut enveloppé sous les ruines de cette guerre si funeste à toute la Saxe. Dans la suite, le prévôt de Sainte-Marie, quoique luthérien, travailla à rétablir cette maison et à en recouvrer les biens, qu'il a destinés, suivant le premier esprit de la fondation, à la subsistance des pauvres voyageurs et pèlerins et à l'éducation des jeunes filles et orphelines. Il soutint plusieurs procès dans le conseil du roi de Prusse, et y obtint des arrêts contre trente-cinq usurpateurs; il rétablit, autant qu'il le put, ce monument de la piété de saint Adelbert, se faisant gloire d'imiter en cela le zèle de saint Norbert. Plus heureux s'il en eût imité la foi vive et pure, en rentrant dans le giron de la sainte Eglise.

Ce fut vers cette époque qu'eut lieu le funeste schisme de Pierre de Léon, à l'extinction duquel saint Norbert prit une grande part. Pour bien faire apprécier ce fait, si célèbre dans l'histoire de l'Eglise, nous devons reprendre les choses de plus haut.

LIVRE SEPTIÈME

Pierre de Léon était petit-fils d'un juif nommé Léon, qui, s'étant enrichi par des commerces usuraires, embrassa le christianisme, rendit service au saint-siège durant les troubles que causa l'affaire des investitures, et s'allia aux plus considérables familles de Rome. Il eut de cette alliance un fils nommé Pierre, qui, suivant les traces de son père, mêla son sang avec celui des maisons patriciennes, et fut père d'un fils qu'il fit aussi appeler Pierre. L'ambition destina cet enfant, dès ses plus tendres années, aux dignités de l'Eglise. Pour le mettre en état d'y parvenir par les voies du mérite, ses parents l'envoyèrent étudier à Paris. Sa jeunesse répondit mal à l'espérance de son élévation. Il se livra à de si grands excès, que dès lors on prévit les malheurs que le temps fit paraître.

Après quelques années d'étude, il entra dans l'abbaye de Cluny et s'y fit moine. Cette profession, qu'il suivit pour monter par les degrés d'une humilité sainte aux degrés des honneurs ecclésiastiques, lui ouvrit en effet le chemin du cardinalat, qu'il obtint de Calixte à la prière de sa famille.

Comme il avait l'esprit vif, entreprenant et capable des négociations les plus délicates, il fut chargé de différentes légations, dans lesquelles il fit voir plus d'esprit que de probité. Sa table était servie avec une abondance délicieuse. Les visites qu'il faisait des églises étaient toujours terminées par le dépouillement de leurs autels. Si nous en croyons un évêque contemporain, il se faisait accompagner dans ses voyages par des compagnons de ses désordres et de ses brigandages.

Le souverain pontife Honoré II, ayant rempli la chaire de Saint-Pierre l'espace de cinq ans, un mois et dix-sept jours, mourut le quatorzième de février. Innocent II, connu auparavant sous le nom de Grégoire, cardinal de Saint-Ange, fut le même jour mis en sa place par l'élection des cardinaux, et contre les espérances de Pierre de Léon, qui méditait depuis long-temps de s'élever au pontificat. Son ambition ne put supporter la préférence qu'on donna à son collègue. Il réunit quelques cardinaux qu'il avait engagés dans son parti par des raisons d'intérêt; il entra avec eux dans le palais de Saint-Marc, et se fit élire sous le nom d'Anaclet II.

Il ne songea plus ensuite qu'à accréditer son in-

trusion par la voie de l'artifice. Ses parents, consi-
dérés à Rome à cause de leurs richesses et de leurs
puissances, secondèrent les projets de l'usurpateur.
Ils lui ménagèrent des partisans qu'ils intéressèrent
dans son schisme. Anaclet, qui répandait libérale-
ment sur le peuple et sur le clergé les trésors qu'il
avait acquis, ou plutôt qu'il avait enlevés aux églises,
dans le cours de ses nonciatures, n'épargnait ni le
sacré ni le profane pour se faire des créatures. Après
avoir épuisé ses réserves, il arrachait des autels les
bienfaits de la piété des rois, et, brisant les vases
sacrés et les saintes images, il en distribuait les
débris aux défenseurs de son parti.

Par ces moyens sacrilèges, il attira à son obéissance les Romains, qui lui livrèrent les forteresses de
la ville, contraignirent Innocent de se retirer dans la
maison de Frangi-Pani, où, n'étant pas encore en
sûreté contre la violence, il fut obligé de se sauver
à Pise dans une galiote. Ces tempêtes, dont l'Eglise
était agitée, firent gémir les vrais fidèles. Norbert en
ressentit la plus vive affliction, et quoique Dieu lui
eût révélé depuis plus de deux ans les calamités de
ce schisme, il n'y fut pas moins sensible lorsqu'il le
vit naître.

Il découvrit à Geoffroy, évêque de Chartres, les
lumières anticipées qu'il avait sur cet évènement. Il
lui prédit qu'il verrait avant sa mort une grande
persécution allumée dans toute l'Eglise. Geoffroy,
qui ne doutait pas que l'esprit de Dieu ne parlât par
Norbert, reçut cette prophétie avec respect ; mais
saint Bernard, quoique fort prévenu en faveur de
Norbert, ne crut pas devoir déférer à la prédiction.

« Quant à ce que vous me demandez, dit-il dans la réponse qu'il fit à Geoffroy, si Norbert fera le voyage de la Terre-Sainte, je n'en sais rien, car il y a quelque temps que j'ai eu le bonheur de le voir, et d'apprendre de sa bouche céleste plusieurs choses qu'il a daigné me communiquer : mais il n'a rien dit du voyage de Jérusalem. Je lui ai demandé ce qu'il pensait de l'avènement de l'antéchrist. Il m'a assuré qu'il paraîtrait certainement avant que cette généra-tion finît. Je l'ai prié de me dire sur quoi il fondait cette certitude, il me l'a déclaré, et je n'en ai pas été convaincu. Cependant il a toujours continué de m'assurer qu'avant sa mort l'Eglise souffrirait une persécution générale. »

Saint Bernard parlait ainsi, parce qu'il ne com-prenait pas alors le sens de cette prophétie. Mais quand il vit, deux ans après, les ravages que faisait Pierre de Léon, et que cet intrus armait une popu-lace séditieuse contre le pontife légitime, qu'il bri-sait des crucifix d'or et d'argent pour fournir aux frais d'une guerre impie, il se souvint de l'oracle de Norbert, et publia hautement que le règne de l'anté-christ était venu, que l'abomination était placée dans le sanctuaire, que la bête annoncée dans l'Apoca-lypse et qui devait livrer la guerre à Dieu et à ses saints était sortie de l'abîme. Arnould, archidiacre de Séez et depuis évêque de Lisieux, écrivant contre Gérard, évêque d'Angoulême, ne parla point autre-ment de Pierre de Léon, que comme d'une sorte d'antéchrist, et connu comme tel de toute l'Eglise catholique.

Il ne faut pas croire cependant que ces grands hommes aient prétendu que Pierre de Léon fût cet antéchrist qui doit paraître à la consommation des siècles; ils en parlaient dans le même sens que saint Jean : ils étendaient, avec saint Cyprien, saint Jérôme, saint Augustin, ce nom aux persécuteurs de l'Eglise, et en particulier à Pierre de Léon, qui en faisait l'office sans en avoir le caractère.

Jamais personne n'en eut peut-être plus de marques que cet anti-pape; la simonie, le sacrilège, la cruauté, l'ambition qu'il employa pour envahir le trône que tous les fidèles révèrent, en firent l'imitateur et le précurseur du plus terrible ennemi de l'Eglise. Son audace, égale à son orgueil, lui fit prendre les foudres en main, pour en frapper le successeur de saint Pierre. Il assembla un conciliabule à Rome, dans lequel après avoir affermi son autorité par les hommages que lui rendirent ses adhérents, il prononça l'anathème contre Innocent et les cardinaux de son obéissance.

Ce coup téméraire, par lequel il espérait porter la terreur dans le parti d'Innocent II, ne servit qu'à fortifier le dévouement des cardinaux au véritable pontife. Ils regardèrent avec indignation la hardiesse de l'intrus, et se moquèrent également de ses foudres et de ses promesses. Les évêques et les princes, qui se déclaraient contre son élection, le déterminèrent à prendre des mesures pour les attacher à son obéissance. Il envoya Alberon, archevêque de Brême au roi Lothaire, dans le dessein de surprendre sa religion; il écrivit des lettres pleines d'impostures, dans lesquelles il mêlait les prières aux menaces, et lui faisait entrevoir que le salut de l'empire et le sort de sa couronne dépendaient du consentement qu'il donnerait à son élection. Il ajoutait que les Italiens dont il fallait ménager les esprits, s'étant déclarés en sa faveur, souffriraient avec chagrin que l'on confiât l'empire à un prince qui reconnaîtrait un autre pape que celui qu'eux-mêmes avaient reconnu.

Il adressa par le même Alberon, des lettres à l'archevêque de Magdebourg, qu'il avait autrefois comblé de caresses dans sa légation de France, et qu'il savait être le conseil de Lothaire. Il l'invita de se joindre à son parti, d'engager le roi à favoriser sa cause; il lui rappelait les services qu'il avait rendus à son ordre en confirmant son institut, et l'exhortait en considération de ses bons offices, de lui prêter les siens à la cour de Lothaire.

Norbert, informé par Haimeric, chancelier de l'Eglise romaine, du procédé de Pierre de Léon, de l'invalidité de ses droits, des hostilités qu'il avait exercées dans Rome pour se maintenir dans la dignité qu'il avait extorquée de la faiblesse de quelques cardinaux schismatiques, résista aux propositions de l'archevêque de Brême, méprisa les lettres de l'anti-pape, et loin d'accepter la nonciature qu'il lui offrait auprès de Lothaire, il répondit qu'il allait solliciter ce prince à se déclarer contre son intrusion.

En effet, Norbert empêcha le roi de répondre à Anaclet. Il le rassura contre ses menaces, et le détermina à plutôt hasarder sa couronne, que de donner atteinte à sa foi. Enfin il le fixa tellement au centre de l'unité, que rien ne put le faire varier sur ses sentiments et sur ses obligations.

Anaclet, irrité du mauvais succès de sa négociation, ne jugea pourtant pas à propos de faire encore éclater toute sa fureur. Il dissimula par politique; et, par la crainte de gâter ses affaires en aigrissant l'esprit de l'archevêque de Magdebourg, il usa d'une grande modération dans la cause que l'archidiacre Attique intenta au saint et qu'il porta au tribunal de l'anti-pape.

Attique était un homme hardi, entreprenant, factieux, et qui plusieurs fois avait soulevé le clergé et le peuple contre Norbert. Abusant de la facilité de l'archevêque à lui pardonner ses révoltes, il se flattait qu'il lui pardonnerait avec la même indulgence les prévarications qu'il commettait dans son ministère. Sur cette confiance, il exerça des rapines, et pilla la cathédrale, dont il avait l'économat. Norbert le reprit en chapitre; mais l'archidiacre, au lieu d'avouer sa faute, se récria contre l'accusation; et pour éluder le jugement décisif de son archevêque, qui l'avait suspendu de son office, il le cita par devant Pierre de Léon, et alla en personne poursuivre son appel.

L'anti-pape reçut Attique, et manda Norbert à Rome pour répondre sur les plaintes de son archidiacre. Cette conjoncture était favorable pour établir l'autorité d'Anaclet et attirer l'archevêque à son parti. Aussi ne négligea-t-il rien pour nouer cette affaire à son tribunal. La citation qu'il adressa à Norbert était plutôt une invitation honnête qu'un commandement impérieux : il lui faisait entendre que c'était moins par l'envie de le juger, que par le désir de le voir, qu'il lui ordonnait de comparaître, et qu'il trouverait en lui les sentiments d'un père et le bon accueil d'un ami. L'archevêque ne répondit à ces honnêtetés intéressées que par le silence et le mépris.

L'anti-pape renvoya Attique à Magdebourg avec un second bref, par lequel il enjoignit à Norbert de le rétablir dans son office et de venir pour le mois de novembre répondre au saint-siège sur les griefs de son archidiacre.

Attique, muni de ce bref, retourna à Magdebourg; il le fit signifier à l'archevêque, et se mit en devoir de reprendre les premières fonctions de sa charge; mais Norbert méprisa les démarches du rebelle et les ordres de Pierre de Léon. Bien éloigné d'être alarmé par leurs menaces, il soutint avec fermeté la justice de son premier jugement. L'archidiacre, trompé dans ses prétentions, recourut de nouveau à l'anti-pape, qui offrait un asile à tous les ecclésiastiques mécontents. Il se plaignit de l'opiniâtreté de son archevêque, de ses mépris pour les ordonnances du saint-siège, de son gouvernement tyrannique sous lequel son clergé gémissait. Alors Anaclet, comprenant qu'il ne devait plus rien compter sur l'esprit inflexible de Norbert, rompit tous les ménagements à son égard, et lança l'excommunication contre lui.

Ces foudres, parties de la main d'un homme anathématisé par l'Eglise dans les conciles de Pise, de Clermont et d'Estampes, rejaillirent contre ce téméraire. L'Allemagne, qui respectait la sainteté de Norbert, irritée contre la présomption d'Anaclet, ne douta plus, en voyant l'attentat commis sur la personne d'un saint archevêque, qu'il n'eût commis dans Rome les excès que la renommée publiait.

Norbert, trouvant ainsi les puissances disposées à suivre le parti d'Innocent, réunit l'empire à sa communion, pendant que saint Bernard s'occupait à lui soumettre la France et l'Angleterre. Le cardinal Gérard, envoyé par le pape vers le roi Lothaire, et qui fut le témoin du zèle de Norbert pour la cause commune de l'Eglise, avoua qu'elle lui était redevable de la réduction de l'Allemagne sous l'obéissance du pontife légitime.

Le saint archevêque ne se contenta pas d'avoir défendu les intérêts du pape dans l'empire, il voulut encore le soutenir dans les conciles en France. Innocent en avait indiqué un à Reims pour le mois d'octobre. Les prélats français, avec le roi Louis-le-Gros, s'y rendirent pour travailler à l'extinction du schisme. Norbert y accourut avec plusieurs évêques d'Allemagne. Sa présence fut un nouveau sujet de consolation pour le pape. Sa joie redoubla, lorsque dans la session seconde du concile, Norbert lui présenta les lettres du roi Lothaire, par lesquelles ce prince assurait Sa Sainteté de son attachement inviolable à son obéissance, et lui promettait d'employer le secours de ses armes pour chasser du trône de saint Pierre l'indigne usurpateur qui l'avait envahi.

Le souverain pontife eut plusieurs conférences particulières avec l'archevêque de Magdebourg, pendant son séjour à Reims. Il instruisit Sa Sainteté des dispositions du roi et de l'état du clergé d'Allemagne ; il la supplia de vouloir renouveler les chartes de son église, sans lesquelles on ne pourrait désormais réprimer l'avidité des laïques qui se mettaient tous les jours en possession des biens ecclésiastiques, qu'on ne pouvait leur redemander par le défaut de titres, ou pour la difficulté qu'il y avait de les lire. Il lui exposa enfin l'ordre exprès qu'il avait reçu de Lothaire de poursuivre la canonisation de saint Godard, quatorzième évêque d'Hildesheim, dont la mort était aussi miraculeuse que la vie.

Le pape consentit aux désirs de Norbert, et pour donner plus d'autorité à ses décisions, il l'engagea de proposer ses demandes au concile. Norbert obéit, apporta les chartes de son église et produisit des copies tirées sur ces originaux à demi-consumés de vétusté. Le concile les examina et, à la prière de l'archevêque, approuva les copies extraites de ces anciens monuments. On agita ensuite la canonisation de saint Godard. Norbert fit à l'assemblée l'histoire de la vie et des miracles du bienheureux évêque, et supplia les Pères du concile au nom du roi Lothaire et de tous les princes d'Allemagne qui s'intéressaient pour l'honneur de saint Godard, de lui décerner le culte que la voix publique et la dévotion des peuples lui avaient déjà rendu. Milon, évêque de Thérouane, et Bernard, évêque de Hidelsheim, firent la même prière au concile. Innocent se fit présenter les actes authentiques de la vie du saint, et les preuves des miracles qui s'opéraient à son tombeau : on en fit lecture à l'assemblée, qui d'une voix unanime le déclara bienheureux, et permit d'en solenniser la fête.

Le concile fini, le pape se retira à Laon. Norbert, qui souhaitait de revoir ses premiers disciples, l'accompagna dans le voyage. L'arrivée du saint fondateur fut une source de consolations pour le père, et de bénédictions pour les enfants. Il retrouva toute la ferveur de son esprit dans ses religieux, et les religieux remarquèrent une tendresse toujours égale dans leur père. Le souverain pontife les honora de sa visite. Il admira un genre de vie qui faisait alors l'admiration de l'Eglise. Il vit des hommes de la première qualité, vivant dans l'observance de la pauvreté la plus rigide, joignant au travail des mains la prédication de l'Evangile, recueillis en eux-mêmes au milieu de la cour comme dans le silence de la retraite, refusant à leur curiosité la vue des spectacles que la sévérité accorde quelquefois aux âmes vertueuses, brûlant de zèle, patients dans les souffrances, redoutables aux démons, incomparables par leurs prédications, plus admirables encore par leurs œuvres. Ils étaient près de cinq cents, et leur union n'en faisait qu'un cœur et qu'une âme; ils avaient des emplois différents, et ils conspiraient tous à une même fin; ils servaient Dieu avec une émulation qui, naissant de la charité, fortifiait leur intelligence.

Le souverain pontife fut si édifié des vertus de ces fervents religieux, qu'il confirma avec éloge leur institut, par une bulle qui défend à toutes sortes de personnes de rien altérer ou innover dans les règles qui s'observaient à Prémontré et à Laon. Il donna aussi ordre à Norbert de les établir dans la cathédrale de Magdebourg. Cette substitution, agréée de Lothaire, persévéra pendant plusieurs siècles.

Les évêques de la suite du pape, qui furent les témoins de la sainteté des religieux de Norbert, s'empressèrent à les attirer dans leurs diocèses. Albéron, fils d'Arnould, comte de Chiny, et d'Adèle, comtesse de Roussy, élu évêque de Verdun, après l'abdication d'Orsion, pria Norbert de lui donner de ses disciples pour l'abbaye de Saint-Paul, qui était tombée dans un grand relâchement, et il obtint une colonie de Prémontré, qu'il y établit.

Pierre le Vénérable, abbé de Cluny, peu satisfait

13

de ce changement, en porta plainte à Mathieu, cardinal d'Albane. Mais Albéron fut approuvé par le saint-siège ; et lui-même, par la suite, se retira au monastère de Saint-Paul, où il mourut saintement. Saint Bernard, qui assista à sa mort, eut révélation de sa félicité pendant qu'il disait la messe pour le repos de son âme. Cette apparition lui fit changer la collecte que l'on chante pour les morts en celle d'un confesseur pontife.

Ces choses se passaient en France, tandis que Norbert était auprès du roi des Romains, qu'il informait du succès du concile de Reims, et qu'il disposait à tenir la parole qu'il avait donnée au pape dans la conférence de Liège. Ce prince avait choisi cette ville, à la persuasion de Norbert, et s'y était rendu au commencement de l'année pour prendre avec sa sainteté les mesures les plus convenables pour éteindre le schisme. Il y reçut le pontife avec de grandes marques d'honneur. Il lui proposa d'aller en personne arracher son rival de dessus le trône de saint Pierre, mais il demanda en échange de ses services le droit d'investiture. Cette proposition étonna les Romains. La seule pensée de cette prétention renouvelait le souvenir des maux passés, et leur faisait déjà appréhender le renouvellement de l'ancienne querelle, qui tant de fois avait troublé l'Empire et l'Eglise. Lothaire aperçut l'inquiétude que sa demande avait causée au pape et à sa cour. Saint Bernard, qui en prévoyait les suites, s'y opposa fortement ; il persuada au roi de ne se pas opiniâtrer à faire revivre des droits proscrits par les conciles, et de ne pas faire acheter ses bons offices à l'Eglise aux dépens de l'Eglise même. Lothaire, touché des raisons de Bernard, ferma les yeux aux raisons de l'intérêt pour les ouvrir sur les besoins de la religion, qui souffrait dans la personne de son chef.

Norbert, à son retour du concile de Reims, alla, par ordre du pape, engager le roi à l'exécution de sa parole. Il fit quelque séjour auprès du prince, pour le confirmer dans ses pieux desseins. Quelque grandes que fussent les sollicitudes du saint archevêque pour l'Eglise universelle, il ne négligeait pas néanmoins son église particulière. Les absences auxquelles le condamnait la nécessité publique lui eussent été insupportables, si la charité, qui était une loi supérieure à celle de son inclination et de la résidence, ne l'avait forcé de quitter son troupeau pour la défense du Pasteur commun. Il savait que le démon profite toujours de l'éloignement d'un évêque, et que la discipline s'affaiblit, quand celui qui en est le vengeur n'est pas présent pour la maintenir par son autorité et par son exemple.

A son arrivée dans son diocèse, il trouva un bourgeois de Magdebourg tourmenté impitoyablement par le malin esprit. Ce cruel hôte s'était moqué des exorcismes ; il s'était vanté qu'il triompherait de la puissance de l'archevêque. Son orgueil fut bientôt confondu. On amena le possédé aux pieds de Norbert, qui n'eut pas plus tôt commencé les premiers exorcismes que le démon abandonna le corps dont il s'était rendu maître.

Cette délivrance miraculeuse augmenta l'attachement du peuple à son prélat. On l'écoutait comme un oracle, on le chérissait comme un père, on l'honorait comme un protecteur. Norbert, qui ne se laissa jamais vaincre en charité, sentait aussi tous les jours croître les ardeurs de la science pour ses ouailles. Il lui fallut pourtant sacrifier ces jours de tranquillité et de paix, et s'arracher à son cher troupeau pour travailler de nouveau aux affaires de l'Eglise.

Lothaire, qui réglait ses démarches en matière de religion sur les conseils du saint archevêque, avait besoin de ses avis pour conduire l'entreprise à laquelle il s'était engagé à sa persuasion. Il lui fallait un serviteur de Dieu, pour attirer la bénédiction du Ciel sur l'armée qu'il faisait passer en Italie pour le rétablissement du pape. Il crut que personne n'aurait plus de crédit auprès de Dieu, que celui-là même qui lui avait appris que Dieu favoriserait ses armes. Il pria donc Norbert de le suivre dans ce voyage, et pour l'y déterminer, il le nomma son chancelier pendant la vacance de cette dignité.

LIVRE HUITIÈME

Saint Norbert est nommé chancelier de l'empire. — Arrivée à Wurtzbourg. — Révolte de la bourgeoisie. — Lothaire en triomphe et continue son expédition en Italie. — Entrevue avec le pape Innocent. — Soumission de Rome. — Norbert est nommé primat de Germanie. — Il tombe malade à son retour en Allemagne. — Miracle qu'il fait en arrivant à Magdebourg. — Sa bienheureuse mort. — Sa canonisation. — Ses Reliques.

Frédéric, archevêque de Cologne, était mort le vingt-cinquième d'octobre de l'année précédente. Les chanoines avaient élu en sa place Geoffroy, prévôt de l'église impériale de Santen. Lothaire, qui désapprouvait cette élection, fit choisir Brunon, frère d'Adolphe, comte de Mont, prévôt de Saint-Florin à Coblentz et de Saint-Géréon à Cologne. Brunon joignit à une haute naissance une capacité et un mérite éclatants. Sa modestie lui fit refuser l'archevêché de Trèves, après la mort de Meginer. Il employa même le crédit du souverain Pontife Innocent II, pour résister aux sollicitations du clergé, qui était venu le demander à Liège, et qui avait interposé le pouvoir du pape pour le contraindre d'accepter son élection. Un an après, il fut obligé de céder aux ordres du roi des Romains, qui lui commanda de ne point s'opposer à sa promotion à l'archevêché de Cologne. Brunon obéit, parce qu'il n'osait résister ; mais sa conscience ne s'accommodant pas d'une dignité qu'il croyait au-dessus de ses forces et de ses mérites, jugeant d'ailleurs que la vie peu régulière qu'il avait menée autrefois ne s'accordait pas avec la sainteté de l'épiscopat, il balança sur le parti qu'il devait prendre, il demanda du temps pour se consulter et pour consulter des directeurs éclairés.

Il proposa son scrupule à saint Bernard. Le saint lui répondit qu'aucun homme mortel ne pouvait lui donner de résolution certaine sur le doute qu'il avait, que si Dieu l'appelait à l'épiscopat, personne ne devait l'en dissuader, et que si Dieu ne l'y appelait pas, personne n'oserait le lui conseiller ; que l'humble confession qu'il lui avait faite de ses fautes passées, lui donnait de grands sujets de crainte, considérant la différence qu'il doit y avoir entre l'état d'un pécheur et le ministère d'un évêque ; qu'à la vérité saint Matthieu avait été appelé à l'apostolat au sortir de son comptoir de publicain, mais qu'il avait fait pénitence avant de recevoir sa mission ; que saint Ambroise avait été enlevé de tribunaux civils pour être mis sur la chaire épiscopale, mais qu'il avait toujours mené une vie innocente ; enfin que la conversion de saint Paul était un miracle qui ne pouvait tirer à conséquence ; que dans ce doute il n'avait aucune réponse positive à lui donner, mais qu'il prierait Dieu de lui manifester sa volonté ; qu'au reste, il l'exhortait à consulter Norbert, qui était sur les lieux, et qui était d'autant plus capable de l'éclairer, qu'il avait les plus intimes communications avec Dieu, et plus d'intelligence que personne dans la science de ses secrets.

Brunon suivit les conseils de l'abbé de Clairvaux et s'adressa à Norbert. Le saint jugea qu'il devait se préparer aux fonctions épiscopales par les exercices de la pénitence, et suspendre sa consécration pendant une année qu'il emploierait à la retraite. Ce fut dans cet intervalle que le roi des Romains créa Norbert chancelier de l'Empire à la place de Brunon. Cette qualité nouvelle obligea le saint d'accompagner Lothaire en Italie.

Quoique sa santé, affaiblie par ses longs voyages, ne lui permît pas d'entreprendre celui-ci, il ne put néanmoins s'en défendre. Il vint joindre le roi à Wurtzbourg, où il avait assemblé ses troupes. Le saint prélat encouragea l'armée à soutenir patiemment les travaux de la guerre qu'elle allait livrer aux ennemis de l'Eglise, et à ne point déshonorer la justice de sa cause par les désordres de sa conduite. L'armée se mit en marche le 15 août, elle arriva à Ausbourg, où elle devait séjourner.

Norbert alla, selon sa coutume, tout d'abord à la cathédrale pour offrir ses vœux à Dieu. En entrant dans l'église : « La paix, dit-il, soit à cette maison et à tous ceux qui l'habitent ! » A peine eut-il prononcé ces paroles, qu'éclairé de l'Esprit de prophétie, il appela son diacre, auquel il dit : «J'ai souhaité la paix à cette ville et à ses habitants, mais ils ont méprisé la paix que je leur ai souhaitée; prenez donc garde à mon *pallium* et aux autres choses que je vous ai confiées, car je vous prédis que bientôt vous verrez cette ville en confusion et les bourgeois en armes. »

En effet, dès le lendemain, la sédition s'émut, la bourgeoisie fit irruption jusque dans le palais du roi. Les soldats, surpris au moment du sommeil, tombèrent sous le fer des révoltés. Lothaire rassemble ses troupes, et à leur tête se précipite l'épée d'une main et le flambeau de l'autre, renverse tout ce qui lui fait résistance, porte le feu dans tous les quartiers. Cette ville opulente, qu'Attila ruina dans le cinquième siècle, que Charlemagne affaiblit dans la guerre contre Tassilon, duc de Bavière, que Guelphe pille en 1088, fut presque réduite en cendres par Lothaire, en 1132.

Norbert dut rester spectateur de cette sanglante action. Il ne put ni arrêter le glaive du vainqueur ni les ravages de l'incendie. Il condamnait la perfidie des rebelles, et il gémissait sur le châtiment des coupables. Au milieu de ces malheurs, il recourut à Dieu, pour lui demander qu'il inspirât au vainqueur un esprit de clémence, et qu'après tant de sang répandu il usât de miséricorde envers ceux qui auraient échappé à sa colère. Le Seigneur lui accorda cette triste consolation. Lothaire, prince juste et chrétien, qui ne faisait la guerre à ses propres ennemis que par nécessité, mit bas les armes, qu'il n'avait prises que pour se défendre contre l'insolence des membres de l'empire. Content d'avoir réduit des rebelles à la raison, il ne voulut pas les sacrifier à sa vengeance. Il reçut avec bonté des sujets pénitents, et leur donna, avant son départ, des marques de son amitié.

Lothaire continua sa route par Constance, par Milan, et vint se rendre à Pise, où le pape l'avait devancé. Là, les deux souverains délibérèrent sur les moyens de faire réussir l'entreprise. Il fut arrêté que le roi ferait approcher son armée par terre, et que le souverain pontife s'avancerait par mer jusqu'à Viterbe.

Pierre de Léon, à la nouvelle du mouvement des troupes de Lothaire, commença d'en craindre les approches. Il se renferma dans ses forteresses, il redoubla sa garde; et pour se ménager le temps de se mettre en défense, il feignit pendant plusieurs jours qu'il voulait prendre, pour arbitre de ses droits, le prince même qui venait les lui enlever par les armes; qu'il s'en remettrait à son jugement, et qu'il n'était pas du bon ordre, dans une causee ecclésiastique, de décider du droit des prétendants par le succès d'une bataille.

Le roi, qui ne se défiait pas de cette proposition, accepta avec plaisir la qualité de médiateur. Pierre de Léon lui envoya ses députés pour faire valoir son élection. Lothaire appela à l'assemblée son chancelier, les archevêques et les prélats de sa suite. On tint plusieurs conférences, après lesquelles le prince, de l'avis de Norbert et de la plupart des évêques, adjugea le souverain pontificat à Innocent II. La sentence déplut à Anaclet, et il refusa d'y acquiescer.

Alors Lothaire, irrité contre ce fourbe, vint en diligence se présenter devant Rome avec son armée, qui n'était plus que de 12,000 soldats. Thiebaut, gouverneur de la ville, qui était allé au-devant du roi, accompagné de quelques sénateurs, le reçut comme souverain, et l'introduisit dans Rome sans aucune opposition de la part des schismatiques, qui se retirèrent dans des maisons fortifiées pendant l'entrée magnifique du pape et du roi.

Après la réduction de la ville, le pontife à la persuasion de Norbert, couronna Lothaire empereur et son épouse Richinze impératrice, dans l'église constantinienne, le 25 de mai, troisième dimanche d'après la Pentecôte. Il accorda en même temps à l'archevêque de Magdebourg la dignité de primat de Germanie, c'est-à-dire des deux Saxes. Peut-être ne fut-ce que le renouvellement d'une qualité ancienne, dont saint Aldebert, premier archevêque, était revêtu, et qui, dans la succession des temps, avait été ou interrompue ou éteinte.

Il est vrai que dans les actes de saint Norbert, et dans l'inscription de son tombeau, le titre de primat ne paraît point. Mais, comme toutes les chartes qui nous restent, sont d'une époque antérieure à son dernier voyage en Italie, et que son épitaphe fut détruite dans l'incendie qui consuma presque tout Magdebourg, cinquante-quatre ans après la mort du saint archevêque, il ne faut pas s'étonner si le nom de primat ne se lit pas dans ses monuments. Les chroniques de Madgebourg, et la tradition locale, conforme à celle qui s'est perpétuée dans l'ordre, sont l'argument le plus certain que nous ayons de la primatie que le saint fondateur reçut à Rome, mais qu'il n'exerça pas long-temps en Allemagne.

En effet, le saint archevêque, étant parti avec le nouvel empereur après six semaines de séjour à Rome, repassa les Alpes, et fut attaqué en chemin d'une maladie causée par les fatigues du voyage et de ses austérités. L'ardeur qu'il avait de se rejoindre à son troupeau, lui fit surmonter la douleur. Il continua son chemin avec autant de vitesse que s'il avait joui d'une santé parfaite. Enfin il arriva à Magdebourg, épuisé de forces, consumé de langueurs, mais toujours plein de charité pour son peuple et de puissance sur la mort même.

Dieu avait fait triompher Norbert pendant le cours de sa vie ; il voulut encore, pour qu'il ne manquât rien à sa gloire, le faire triompher de la mort avant de mourir. On lui présenta trois cadavres, à son retour ; on le pria, par la vertu que le Ciel lui avait donnée, de rendre la vie à ces trois morts. Les larmes des assistants excitèrent sa compassion ; il s'approche des morts, il invoque le Tout-Puissant, et sûr par la révélation du succès de l'entreprise, il se couche sur les trois cadavres, il commande à la mort, et aussitôt la vie ranime leurs membres glacés ; ils se lèvent, ils marchent, et Norbert les remet en pleine santé entre les mains de leurs parents.

Abeilard apprit la nouvelle de ce prodige avec chagrin, et s'efforça de la décrier par des satires. Cet hérétique, aussi ennemi de Norbert que Norbert l'était de ses erreurs, ne put souffrir que la renommée publiât jusqu'en France les prodiges que son adversaire opérait en Allemagne. Il chercha à jeter du discrédit sur ce miracle, et à lui enlever le vraisemblable par le ridicule. Mais malgré les impostures d'un écrivain qui avait la plume alors aussi mauvaise que le cœur, le prodige passera pour un fait d'autant plus incontestable, qu'il n'a été contredit que par l'envie et la vengeance.

Le mal, qui avait donné quelque relâche au saint archevêque, s'augmentait de jour en jour, et l'obligea de tenir le lit pendant les deux derniers mois de sa vie ; ses religieux, assidus auprès de sa personne, recueillaient avec respect les paroles salutaires de leur père mourant; ils s'édifiaient de la patience avec laquelle il supportait ses douleurs. Enfin, après de longs assauts de la maladie, le moment du trépas arriva. Le bienheureux archevêque, qui en pressentit les approches, reçut les sacrements de l'Eglise avec dévotion; il dit le dernier adieu à ses enfants, à son diocèse, à ses domestiques. Puis, levant sa main paternelle, ayant les yeux baignés de larmes et tendrement attachés au ciel, il leur donna la bénédiction, et rendit doucement son âme à Dieu, le 6 de juin de l'année 1134, âgé de cinquante-quatre ans, après dix-neuf ans de pénitence, dix-huit de travaux apostoliques, et la huitième année de son épiscopat.

Grégoire xiii le canonisa en 1582, et Urbain viii fixa sa fête au 6 juin en 1645. Son corps s'est gardé à Magdebourg tant que la religion catholique y a été suivie.

Les magistrats luthériens consentirent, à la prière de l'ordre de Prémontré et de plusieurs princes, que les reliques de saint Norbert fussent enlevées de leur ville; l'empereur Ferdinand ii les fit transférer à Prague, en 1627. Elles y furent portées solennellement par quatorze abbés en mitres, et déposées dans l'église du Mont-Sion. Tous les ordres de la ville assistèrent à la cérémonie.

Saint Norbert est ordinairement représenté avec un ciboire à la main. On le distingue par ce symbole, à cause de la dévotion extraordinaire qu'il avait pour le sacrement adorable de l'eucharistie. Dans tous ses discours, il exhortait à l'usage fréquent de cette divine nourriture; l'expérience et la foi démontrant qu'il n'y a rien de plus dangereux dans la vie spirituelle, que de s'éloigner de la communion par négligence. « Celui qui en approche rarement, parce qu'il se trouve tiède ou froid, ressemble à un homme qui dirait : Je ne m'approche point du feu, parce que j'ai froid. Il ressemble encore à un homme qui dirait : Je n'ai point recours au médecin, parce que je suis malade. »

L'ordre de Prémontré ou des Norbertins était divisé, selon le P. Helyot, en cinquante provinces. Il contenait treize cents maisons d'hommes, et quatre cents de femmes. Il était fort austère dans son institution primitive. Ceux qui en embrassaient la règle ne portaient jamais de linge, pratiquaient une abstinence continuelle de la viande, et jeûnaient rigoureusement plusieurs mois de l'année. Saint Dominique emprunta de cette règle la plupart des observances qu'il prescrivit à ses religieux.

Les Prémontrés se nommaient en Angleterre *chanoines blancs*, et ils avaient dans ce royaume trente-cinq maisons.

L'ordre de Prémontré ne possède plus en France une seule maison. L'abbaye où cet ordre prit naissance a été changé en une verrerie. Toutes les belles abbayes des Pays-Bas et d'Allemagne sont également détruites. Il n'en reste plus que huit, dont trois se trouvent en Bohême, deux en Autriche, deux en Hongrie et une en Moravie. Celle de Mont-Sion à Prague possède encore les reliques de saint Norbert.

—◇◇—

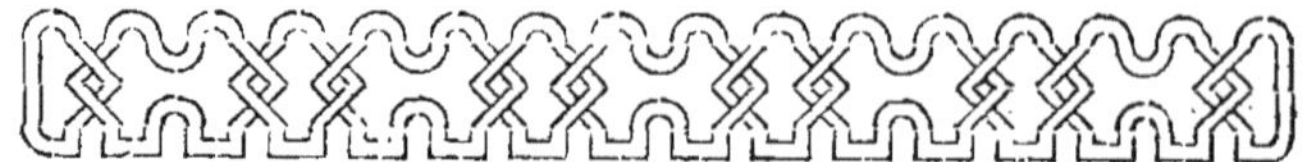

SAINT ROBERT

Naissance de Robert. — Il se consacre à l'état religieux. — Fonde l'abbaye de Molesme. — S'établit à Cîteaux. — Est rappelé par ses anciens religieux. — Sa sainteté. — Sa mort. — Sa canonisation. — Développement de l'ordre de Cîteaux. — La réforme des Feuillants. — Armand de Rancé. — Sa vie. — Fondation de la Trappe. — Règles austères de cette réforme de Cîteaux. — Paix et sérénité des religieux. — Eloge de la vie mortifiée et pénitente.

En joignant à la vie de saint Norbert quelques détails sur l'ordre de Cîteaux et sur la vie de saint Robert de Molesme, son fondateur, nous ferons mieux connaître cette époque féconde du moyen-âge, et nous agrandirons le tableau que nous nous sommes proposé de mettre sous les yeux de nos lecteurs. La vie de saint Bernard le compléterait ; mais elle exige une étendue qui nous a forcés à la publier séparément.

Saint Robert naquit en Champagne vers l'an 1024. Thierri son père, et Ermegarde sa mère, étaient encore plus recommandables par l'éclat de leur vertu que par la noblesse de leur sang. Il fut élevé auprès d'eux dans la connaissance des lettres et dans les maximes de la piété chrétienne. Il montra, dès ses premières années, un grand désir de vivre uniquement pour Dieu.

A l'âge de quinze ans, il quitta le siècle, et se retira chez les Bénédictins de l'abbaye de Montier-la-Celle près de la ville de Troyes. Ses progrès dans la perfection furent extrêmement rapides ; il devint en peu de temps l'exemple et l'admiration de toute la communauté. Les religieux l'élurent pour prieur, malgré sa grande jeunesse, et ils n'eurent qu'à se féliciter du choix qu'ils avaient fait.

Quelques années après, on l'élut abbé de Saint-Michel de Tonnerre. Il s'appliqua de toutes ses forces à rétablir la discipline régulière, qui avait beaucoup souffert du relâchement ; mais il eut la douleur de voir ses bonnes intentions traversées par ceux mêmes qui auraient dû les seconder. Il ne trouva dans ses religieux que des esprits rebelles et des cœurs endurcis. Désespérant donc de les ramener à l'observation de la règle, il résolut de les abandonner.

Il y avait dans le voisinage de Tonnerre un désert nommé Colan ; sept anachorètes s'y étaient retirés, pour y vivre dans les exercices de la contemplation et de la pénitence ; mais ils étaient sans chef et sans guide. Instruits de l'éminente sainteté de Robert, ils le conjurèrent de se charger de leur conduite. Divers obstacles firent qu'ils ne purent d'abord obtenir ce qu'ils demandaient. Ces obstacles furent enfin levés, et Robert se rendit aux instances réitérées des pieux solitaires. Ils le reçurent comme un autre Moïse, qui venait les conduire, à travers le désert de cette vie, dans la vraie terre promise.

La solitude de Colan étant fort malsaine, Robert et ses disciples se retirèrent dans la forêt de Molesme. Ils s'y construisirent de petites cellules avec des branches d'arbres, et s'y bâtirent un oratoire sous l'invocation de la sainte Trinité, en 1075. On ne parlait de toutes parts que de l'austérité de leur pénitence. Leur pauvreté était si grande, qu'ils manquaient souvent des choses les plus nécessaires à la vie. Plusieurs personnes du voisinage, excitées par l'exemple de l'évêque de Troyes, s'empressèrent à l'envi de fournir à leurs besoins. Les secours qu'ils reçurent furent si considérables, qu'ils se trouvèrent bientôt dans l'abondance ; mais cette abondance introduisit peu à peu le relâchement. Le saint abbé voulut inutilement en arrêter les progrès ; on n'eut point égard à ses remontrances, et le mal ne fit qu'augmenter de jour en jour.

Robert quitta donc son monastère, et se retira dans le désert de Hantz, parmi des religieux qui vivaient avec beaucoup de ferveur et de simplicité. Il subsistait comme eux du travail de ses mains, et donnait la plus grande partie de son temps à la prière et à la méditation. Ces bons religieux, frappés de sa vie édifiante, l'élurent pour supérieur. Ceux de Molesme ne l'eurent pas plus tôt appris, qu'ils rougirent de l'avoir forcé à les abandonner. Ils lui firent ordonner par le pape et par l'évêque de Langres de revenir parmi eux ; ils lui promirent en même temps d'être plus dociles qu'ils ne l'avaient été, et de se conformer en tout à ses instructions. Le saint ne différa plus de retourner à Molesme ; mais il eut bientôt lieu de s'en repentir. On ne l'avait rappelé que par des vues temporelles. Le mal n'était pourtant pas général, comme nous l'allons voir.

Quelques religieux, voyant qu'ils ne vivaient pas d'une manière conforme à la règle de saint Benoît, qu'on lisait tous les jours au chapitre, demandaient la réforme avec instance ; mais ils se trouvaient dans une conjoncture fort critique. Comment, en effet, remplir ses devoirs avec fidélité, au milieu d'une communauté qui ne voulait point entendre parler de réforme ? Ils déposèrent leurs peines dans le sein de Dieu, et le prièrent de leur faire connaître sa volonté ; ils s'adressèrent ensuite à leur abbé, et lui demandèrent la permission de se retirer dans quelque lieu solitaire, afin qu'ils pussent y exécuter leur dessein et garder le vœu qu'ils avaient fait à Dieu d'observer leur règle dans toute sa pureté. Le saint acquiesça à leurs instances, et leur promit d'aller bientôt les joindre. Il partit avec six de ses frères, et alla trouver Hugues, archevêque de Lyon et légat du saint-siège. Il lui exposa les raisons qu'il avait de sortir de son monastère, et les lui fit agréer. Non-seulement le légat lui permit, mais il lui enjoignit encore de persister dans la pieuse résolution où il était de pratiquer toutes les austérités de la règle de saint Benoît.

Lorsque Robert fut de retour à Molesme, tout ce qu'il y avait de religieux fervents se joignirent à lui. Ils partirent tous au nombre de vingt-un, et allèrent s'établir dans la forêt de Cîteaux, à cinq lieues de Dijon et au diocèse de Châlons-sur-Saône. Les pieux

solitaires se mirent à défricher une certaine étendue
de terrain, après quoi ils s'y bâtirent des cellules, du
consentement de Gautier, évêque de Châlons, et de
Renaud, vicomte de Baune, seigneur du pays. Le
nouvel établissement se fit le 21 mars 1098, jour de
la fête de saint Benoît, et c'est de là que l'on date
l'origine de l'ordre de Cîteaux.

L'archevêque de Lyon, considérant que les nouveaux solitaires ne pourraient subsister qu'autant
qu'ils seraient assistés par quelque personne puissante, écrivit en leur faveur à Eudes, duc de Bour-
gogne. Ce prince les prit sous sa protection; il fit achever à ses dépens les bâtiments du monastère; il leur
fournit pendant long-temps toutes les choses dont ils
avaient besoin, et leur assigna enfin des revenus fixes
et assez considérables. L'évêque de Châlons érigea le
nouveau monastère en abbaye, et en donna la conduite à Robert. Rien n'était plus édifiant que la vie
que l'on menait à Cîteaux : on y pratiquait des austérités extraordinaires. Les religieux ne dormaient
chaque nuit que quatre heures, et en employaient
quatre à chanter les louanges de Dieu. Dans la mati-
née, ils travaillaient pendant quatre heures, puis ils
lisaient jusqu'à nones. Des herbes et des racines faisaient toute leur nourriture.

L'année suivante, les moines de Molesme envoyèrent des députés à Rome, afin de solliciter le
retour de Robert. Ils alléguèrent pour raison qu'il
était leur abbé; que la discipline régulière avait
beaucoup souffert depuis sa sortie; que sa présence
seule pourrait rétablir l'ordre, et que le salut des
religieux en dépendait. Ils convinrent de leurs torts
passés, et promirent de faire tous leurs efforts pour

que le Saint n'eût plus lieu de se plaindre d'eux dans la suite. Le pape Urbain II chargea l'archevêque de Lyon d'arranger cette affaire, et de renvoyer le Saint à Molesme, s'il devait en résulter un bien réel.

Le légat, après avoir tout examiné, envoya des ordres à Robert pour qu'il eût à retourner à son premier monastère. Le saint obéit sur-le-champ, et remit son bâton pastoral à l'évêque de Châlons, qui le dispensa de tous les engagements qu'il avait contractés envers lui. Il fut installé de nouveau abbé de Molesme par l'évêque de Langres. Il gouverna la communauté jusqu'à sa bienheureuse mort, qui arriva en 1110. La vérité des miracles opérés à son tombeau ayant été constatée, le pape Honorius III le mit au nombre des Saints.

L'habit que portaient les premiers moines de Molesme était de couleur brune. Saint Albéric, successeur de saint Robert à Cîteaux, y en substitua un de couleur blanche. C'est depuis ce temps que l'ordre a pris la sainte Vierge pour patronne. Cinquante ans s'étaient à peine écoulés depuis son institution, qu'il comptait déjà cinq cents abbayes. Il y en avait mille huit cents, peu après l'année 1200.

L'établissement des religieuses dites *Cisterciennes* est antérieur à la mort de saint Albéric. Un de leurs plus célèbres monastères est celui de Trébnitz, en Silésie. Plus de quarante princesses de Pologne s'y sont retirées pour y faire profession.

Les ordres militaires de Calatrava, d'Alcantara et de Montreza en Espagne, ceux de Christ et d'Avis en Portugal, sont soumis à l'ordre de Cîteaux : ils en ont emprunté leurs règles pour ce qui concerne la piété.

Les religieux de Cîteaux suivaient la règle de saint Benoît dans toute sa rigueur, comme nous l'avons observé. Le pape Sixte IV leur accorda quelques mitigations en 1475 ; entre autres choses, il permit aux supérieurs de dispenser de l'abstinence de la viande, qui était strictement ordonnée par la règle.

Depuis ce temps-là, il s'est établi parmi les Cisterciens plusieurs réformes très-édifiantes. Celle des Feuillants fut commencée, en 1577, par D. Jean de la Barrière, abbé de Notre-Dame *des Feuillants*. Cette maison, située à six lieues de Toulouse, était le chef-lieu de la congrégation réformée. Le général, dont les pouvoirs expiraient au bout de trois ans, y faisait sa résidence. Les religieux de cette congrégation se sont fort étendus en Italie, sous le nom de *Bernardins réformés*. Leur corps a produit plusieurs grands hommes, entre autres le pieux et savant cardinal Bona, qui mourut en 1674.

Parmi toutes les réformes de Cîteaux, il n'y en a point eu de plus austère, ni qui ait plus édifié l'Eglise, que celle de la Trappe. Elle a eu pour auteur le célèbre abbé de Rancé, que nous allons faire connaître en peu de mots.

Armand-Jean le Bouthillier de Rancé, d'une famille très-ancienne, naquit à Paris le 9 janvier 1626. Ses progrès dans l'étude des belles-lettres donnèrent une haute idée de son esprit, et annoncèrent ce qu'il serait un jour. Etant entré dans l'état ecclésiastique, il fut pourvu de plusieurs bénéfices. Il fit sa licence avec distinction, et prit le bonnet de docteur le 10 février 1654. Il fut aumônier du duc d'Orléans, et parut avec éclat dans l'assemblée du clergé, de 1655, en qualité de député du second ordre.

Personne ne possédait mieux que l'abbé de Rancé ces qualités qui rendent aimable dans le monde, et qui font briller dans les sociétés. Malheureusement il oublia ce que l'auguste caractère du sacerdoce exigeait de lui. A la vérité, ses mœurs étaient réglées; mais il vivait dans une dissipation et un faste qui insensiblement éteignaient en lui l'esprit sacerdotal. Dieu, qui avait sur lui des vues de miséricorde, et qui le destinait à de grandes choses, lui ouvrit enfin les yeux sur le danger où il était. Il sentit qu'un chrétien, et à plus forte raison un prêtre, ne pouvait se sauver en menant une vie de plaisir; il comprit que l'usage qu'il faisait des revenus de ses bénéfices était contraire à leur destination : il résolut donc de prendre tous les moyens possibles pour tranquilliser sa conscience et pour se mettre dans la voie du salut. Après avoir consulté les personnes les moins capables de le flatter, il vendit son patrimoine, en donna une partie aux pauvres, et employa le reste à d'autres bonnes œuvres. Son but était de réparer par-là toutes les dépenses superflues qu'il avait faites par le passé. Il résigna trois abbayes et deux prieurés qu'il possédait en *commende*, après quoi il se prépara à quitter le monde pour toujours. On voulut inutilement l'y retenir, en lui offrant la coadjutorerie de l'archevêché de Tours.

En résignant ses bénéfices, il s'était réservé l'abbaye de la Trappe; mais il avait le dessein de la posséder *en règle*. Il se retira donc à Persaigne, où il prit l'habit monastique, et fit profession le 6 juin 1664; il alla ensuite à la Trappe, pour y établir la réforme qu'il projetait, c'est-à-dire pour y faire observer la règle de saint Benoît dans sa pureté primitive. Nous ne raconterons point en détail tout ce qu'il lui en coûta de peine pour achever cette bonne œuvre. Il mourut en odeur de sainteté le 26 octobre 1700. Il a composé plusieurs excellents ouvrages, qui ont presque tous pour objet les devoirs de la vie monastique : on n'en peut trop recommander la lecture aux religieux qui aspirent à la perfection de leur état. Nous avons trois différentes vies de M. l'abbé de Rancé. Nous nous bornerons à faire observer que le vénérable réformateur de la Trappe n'y a pas été représenté sous tous les traits qui le caractérisent.

Le monastère de la Trappe est dans la Perche, et au milieu des bois. Le nombre des religieux y est toujours considérable. Celui qui ouvre la porte aux étrangers se prosterne devant eux, puis les conduit dans une chapelle attenante à l'église, afin qu'ils y fassent leur prière ; il les mène ensuite au parloir, où, après leur avoir fait une petite lecture de piété, il leur recommande le silence, et les prie d'être attentifs à ne rien dire ou faire qui puisse troubler la communauté. Les hôteliers ne parlent que quand la nécessité les y oblige.

Lorsqu'un religieux est sur le point de faire profession, il écrit à sa famille pour renoncer à tous ses biens. Sa profession faite, il rompt tout commerce avec ses amis, et même avec ses proches ; et s'il se souvient encore du monde, ce n'est qu'afin de prier pour lui. On ne reçoit rien dans le monastère, qui, sans être riche, trouve encore le moyen de faire des aumônes considérables. Quand l'abbé sait la mort d'un parent de quelque religieux, il le recommande aux prières de la communauté, mais sans le désigner,

et en disant en général que le père , la mère, etc.,
d'un des frères est mort. Ils ont tous les yeux baissés,
et ne regardent jamais les étrangers. S'ils passent devant eux, ils les saluent par une inclination profonde.
Ils gardent entre eux un silence perpétuel. Ils ne
parlent qu'à leurs supérieurs, et ne peuvent s'entretenir qu'en leur présence avec les étrangers. Lorsqu'ils sont ensemble aux travaux ou ailleurs , ils ne
se communiquent leurs pensées que par signes.

Le pape Innocent III appelait le monastère de saint
Bernard, *la Merveille du monde.* On pourrait dire la
même chose de la Trappe. La vie qu'on y mène est
vraiment angélique. Il n'y a point de spectacle plus
touchant que celui qu'offre le recueillement continuel
des religieux au travail , au réfectoire , et surtout à
l'église. Ils sont parfaitemennt morts à leur propre
volonté. Ils obéissent non-seulement aux supérieurs ,
mais même au dernier de la communauté dès qu'il
fait quelque signe.

Leur genre de vie est fort austère : ils n'ont d'autre
boisson que le cidre ou la bière. Les jours de jeûne ,
ils ont à dîner un morceau de pain bis, avec des
herbes bouillies, et assaisonnées d'un peu de sel ;
leur collation consiste en deux onces de pain sec.
Les autres jours ils ont à dîner un potage aux herbes,
une portion de légumes ou de racines, avec du des-
sert, c'est-à-dire, des radis ou des raves, des noix ou
quelques fruits. Ils ne mangent ni œufs ni poisson,
et ne font gras que quand ils sont malades. Le lait et
le fromage leur sont quelquefois permis. Leur souper
consiste en trois onces de pain , auquel ils ajoutent,
dans les grandes fêtes et durant le temps pascal , un
peu de fromage et une salade.

Ils vivent dans une mortification générale de leurs sens. Les moindres manquements sont punis chez eux par de longues prostrations. En hiver, lorsqu'ils sont au chauffoir, ils se tiennent à quelque distance du feu, et se retirent bientôt. Ils saisissent toutes les occasions de pratiquer la patience et l'humilité. C'est pour les exercer à ces vertus, que le supérieur les traite quelquefois en apparence avec dureté, même dans les maladies. Il s'y trouve des religieux d'une si grande ferveur, et si saintement avides de souffrances, qu'ils ajoutent encore des mortifications volontaires à celles de la règle. Quand ils sont à l'agonie, on les porte à l'église, où ils reçoivent les sacrements, couchés sur la cendre. Ils restent ordinairement en cet état jusqu'à ce qu'ils aient rendu l'esprit. L'humilité est une des vertus que les étrangers admirent le plus en eux. A entendre ceux qui ont permission de parler, ils ne sont tous que des pécheurs. Ils ne disent rien qui puisse tourner à la gloire de leur maison.

Chaque jour, ils donnent plusieurs heures au travail des mains, et ce travail consiste à bêcher la terre, à porter les fumiers au jardin, à faire les foins, etc. Ils consacrent au chœur un temps considérable. Ils sont toujours ensemble, afin de s'exciter les uns les autres par la force de l'exemple. Ils couchent sur des paillasses piquées. Ils se proclament mutuellement au chapitre, et les plus petites fautes y sont punies sévèrement.

Ce qu'il y a de plus admirable, c'est qu'une douce sérénité est peinte sur le visage de ces pieux solitaires. Il semble que leur joie croisse à proportion de leurs austérités. C'est ce qu'attesta l'abbé de Prières, lorsque, en qualité de visiteur, il eut été à la Trappe en 1678. Quelques personnes ayant, en 1664, taxé cette réforme d'une rigueur excessive, l'abbé de Rancé fit assembler ses religieux, et leur ordonna de dire naïvement ce qu'ils pensaient. Ils s'écrièrent tous que leurs mortifications étaient bien légères, en comparaison de ce que méritaient leurs péchés passés, et qu'ils rougissaient de leur peu de zèle à satisfaire à la justice de Dieu. Un prélat voulant que l'on usât de quelque indulgence à l'égard des frères convers, le même abbé fit venir ceux-ci au chapitre (en 1687), afin qu'ils y déclarassent leurs vrais sentiments. Ils parlèrent tous de manière à convaincre qu'ils chérissaient leur état, et qu'ils étaient dans la disposition de s'assujettir à de nouvelles austérités.

La réforme de Sept-Fonts (à deux lieues de Bourbon-Lanci) est à peu de chose près la même que celle de la Trappe. Elle fut établie dans le dernier siècle par Eustache de Beaufort. Les religieux ont à dîner deux portions de légumes ou de racines, au lieu que ceux de la Trappe n'en ont qu'une. Ils ne mangent point de certains légumes qui sont réputés délicats, tels que les artichauts, les choux-fleurs, etc. L'usage du vin leur est permis, parce que c'est la boisson ordinaire du pays.

Comme à la Trappe, ils gardent entre eux un silence perpétuel, travaillent des mains, et ne disent rien qui puisse les faire estimer des hommes. Tout chez eux annonce la pauvreté. L'amour de cette vertu se manifeste jusque dans les ornements qui servent à l'autel. Ils sont tellement recueillis à l'office, qu'ils paraissent immobiles dans leurs stales. Rien n'est plus édifiant que leur psalmodie. Quelquefois (surtout à complies) ils font une pause au milieu de chaque verset, afin de faire entrer dans leurs cœurs les sentiments exprimés par les paroles du Psalmiste. On est singulièrement touché à la vue de la modestie avec laquelle ils vont au réfectoire, au travail, etc. Toutes leurs actions extérieures portent l'empreinte de la plus tendre dévotion, et l'on s'aperçoit qu'ils sont toujours intimement unis à Dieu. Enfin, on ne peut les voir sans sentir une forte émotion de piété.

Il se trouve de prétendus philosophes qui blâment les austérités que pratiquent les pieux solitaires dont nous venons de parler, ainsi que celles qui se pratiquaient parmi les anciens ermites. A quoi bon, disent-ils, toutes ces macérations? L'Auteur de la nature nous a-t-il donné des organes pour n'en point faire usage? Nous a-t-il rendus sensibles au plaisir, pour que nous vécussions dans une gène continuelle? Est-ce qu'il aime à nous voir dans un état de souffrance?

Pour raisonner de la sorte, il faut n'avoir aucune connaissance de ce que nous apprennent la foi et la raison. Il est vrai que Dieu a attaché du plaisir à quelques actions dont la fin est louable, et qui, eu égard à notre nature, deviennent nécessaires; il est vrai par conséquent qu'il y a des plaisirs légitimes, et que nous pouvons sanctifier par la droiture de notre intention : mais, comme nous avons été corrompus par le péché, et que nos appétits se révoltent contre la raison, nous avons besoin de lutter sans cesse pour réprimer le dérèglement de nos passions ; sans cela il n'y a point de victoire à espérer, et la raison sera honteusement asservie à l'empire des sens.

C'est pour nous rendre victorieux de l'ennemi de notre salut, que Dieu nous a recommandé la mortification ; mais on doit y joindre une humilité sincère, et surtout le renoncement intérieur à sa propre volonté. Il n'y a rien que Jésus-Christ ait plus fortement inculqué. Il déclare qu'on ne peut être son disciple, à moins qu'on ne soit crucifié et mort à soi-même. « Il faut, dit-il, que le grain de froment meure dans la terre avant de produire du fruit. » Il suit de là qu'on ne peut nier la nécessité de la mortification intérieure et extérieure, sans anéantir toute l'économie de la morale chrétienne.

Quant aux austérités extraordinaires que pratiquent quelques serviteurs de Dieu, elles sortent de l'ordre commun. On ne doit les entreprendre que par une vocation spéciale, encore faut-il que cette vocation soit mûrement examinée, et que l'on se sente une ferveur proportionnée à la sainteté de l'état qu'on veut embrasser.

Les saints n'ont garde de mesurer la vertu sur la grandeur des macérations, comme font les derviches et les brachmanes. Ils ne les regardent que comme des moyens propres à expier leurs péchés et à leur faire remporter la victoire sur leurs passions. Ils ne s'imaginent pas que Dieu se plaise à les voir souffrir ; mais ils pensent qu'il aime à les voir prendre les remèdes qui peuvent guérir leurs maladies spirituelles. C'est ainsi qu'une mère, pleine de tendresse pour son enfant, se résout à lui présenter une potion amère pour lui rendre la santé.

Si l'on improuve encore les austérités de la péni-

tence , nous dirons qu'elles sont une suite de la doctrine de Jésus-Christ , et qu'elles sont autorisées par
l'exemple des prophètes , de saint Jean-Baptiste, du
Sauveur lui-même , des apôtres , et de presque tous
les saints de la primitive Eglise.

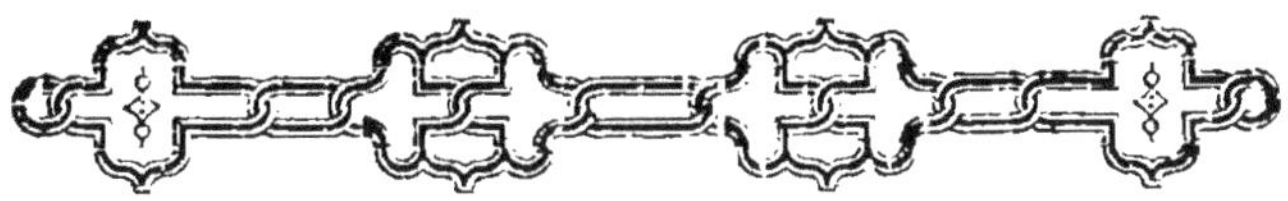

SAINT GAETAN

———————— ❖ ————————

Gaëtan est surnommé *le Saint* dès son enfance. — Il embrasse
l'état ecclésiastique. — Son amour de Dieu; son dévouement pour
le prochain. — *Séraphin* à l'autel et *apôtre* en chaire. — Il fonde
l'institut des Clercs réguliers, dits *Théatins*, qui fut approuvé
par Clément VII. — Epreuves que le saint doit supporter. — Il se
retire à Venise. — Ses prédications à Vérone et à Naples. — Sa
bienheureuse mort. — Diverses congrégations devant leur origine
aux Théatins.

L'institut des Chanoines réguliers, fondé par saint
Norbert, a donné lieu, dans la suite, à l'établissement des Clercs réguliers, qui ont rendu de si impor-
tants services à l'Eglise. Nous terminerons cet ouvrage
par un abrégé de la vie de saint Gaëtan de Thienne,
fondateur des Clercs réguliers et des diverses congrégations auxquelles cette fondation a donné naissance.

Gaëtan, fils de Gaspar, seigneur de Thienne, et de
Marie Porta, tous deux de familles distinguées par la
noblesse et par la piété, naquit en 1480, à Vicence

en Lombardie. Il ne fut pas plus tôt né, que sa mère le mit sous la protection de la sainte Vierge. Quand elle le vit capable d'instruction, elle lui enseigna la pratique des vertus dont Jésus-Christ nous a donné l'exemple; elle lui recommandait surtout l'humilité, la douceur et la pureté. Le fils fut si docile aux leçons de sa mère, que, dans son enfance même, on le surnommait *le Saint*. Cette habitude de mortifier ses passions, qu'il contracta de bonne heure, lui fit acquérir une douceur de caractère si inaltérable, qu'elle semblait lui être devenue naturelle. Il aimait singulièrement la prière, et son recueillement était continuel. Occupé sans cesse de la méditation des vérités éternelles, il fuyait les amusements et les conversations inutiles. Aucun discours ne l'intéressait, s'il ne contribuait à élever son âme vers Dieu. Il purifia ses affections de tout attachement terrestre, et il ne pensait qu'au bien de la vie future. On admirait en lui une tendre charité pour tous les hommes, et en particulier pour les pauvres et les malheureux.

Mais, quelque temps qu'il donnât chaque jour à ses pratiques de piété, il n'en avait pas moins d'ardeur pour l'étude; seulement il la sanctifiait par les exercices de la religion. Il fit de grands progrès dans la théologie, ainsi que dans le droit civil et canonique. Il prit même le degré de docteur dans cette dernière faculté. Pour se consacrer à Dieu d'une manière plus spéciale, il embrassa l'état ecclésiastique, et fit bâtir à ses frais une chapelle à Rampazzo, afin de faciliter à ceux qui étaient éloignés de la paroisse, les moyens de s'instruire et de servir Dieu.

Cette bonne œuvre achevée, il se rendit à Rome,

non par aucune vue d'intérêt, mais dans l'espérance
d'y mener une vie obscure et cachée, ce qu'il n'avait
pu faire au milieu de ses compatriotes. Mais il fut dé-
couvert, malgré les précautions de son humilité, et
le pape Jules II l'obligea d'exercer l'office de protonotaire apostolique. Il ne perdit rien de son recueillement, et sut se faire une solitude intérieure à la
cour du souverain pontife. Le désir de croître dans
la perfection lui inspira le dessein d'entrer dans la
confrérie dite de l'*Amour divin*. C'était une association
de personnes pieuses qui, par certains exercices,
travaillent de tout leur pouvoir à procurer la gloire
de Dieu.

Après la mort de Jules II, Gaëtan quitta la place
de protonotaire apostolique, et retourna à Vicence.
Il s'y associa à la confrérie de *Saint-Jérôme*, qui avait
été instituée sur le plan de celle de l'*Amour divin*,
mais qui n'était composée que de personnes de basse
extraction. Autant cette circonstance lui causait de
joie, autant elle fit de peine aux amis qu'il avait dans
le monde, et qui, jugeant des choses d'après leurs
préjugés, l'accusaient hautement de déshonorer sa
famille. Loin de changer de résolution, il se dévoua
tout entier aux plus humiliantes pratiques de la charité. Les malades et les pauvres de la ville devenaient
l'objet de sa tendresse et de ses soins. Il s'attachait
surtout aux pauvres de l'hôpital des incurables; il les
servait de ses propres mains, et se montrait encore
plus assidu auprès de ceux dont les maladies dégoû-
tantes révoltaient davantage la nature. Il augmenta
même considérablement les revenus de cet hôpital.

Le père Jean de Crema, dominicain, son confesseur,
homme recommandable par sa prudence, son savoir

et sa piété, lui ayant conseillé de se retirer à Venise,
il partit sans délai pour cette ville. Il se logea dans
l'hôpital qu'on venait de faire bâtir, et s'y consacra
au service des malades, comme il avait fait dans sa
patrie. Il se montra si zélé pour cette maison, qu'il
en est regardé comme le principal fondateur. Il ma-
cérait en même temps son corps par les austérités
de la pénitence, et retraçait en lui les vertus des plus
célèbres contemplatifs. On disait communément de
ui à Venise, à Vicence et à Rome, qu'il était *un séraphin* à l'autel, et *un apôtre* en chaire.

Quelque temps après il quitta Venise pour aller à
Rome, toujours par l'avis de son confesseur. Son but
était de s'agréger de nouveau à la confrérie de *l'Amour
divin*. Il y avait parmi les principaux membres de
cette association, plusieurs personnes qui joignaient
une rare prudence et un savoir profond à une piété
extraordinaire. Gaëtan conféra avec ces personnes sur
les moyens les plus efficaces de réformer les mœurs
des Chrétiens. Il était pénétré de douleur, lorsqu'il
considérait que notre sainte religion était si peu connue et si mal observée par ceux qui en faisaient profession ; et, afin d'y parvenir plus promptement, ils
jugèrent qu'eux-mêmes devaient donner l'exemple
de l'esprit et du zèle dont furent animés ceux qui,
les premiers, annoncèrent l'Evangile.

Pour rappeler au clergé la nature de cet esprit et
les obligations qu'il impose, ils résolurent d'instituer
un ordre de clercs réguliers, qui dans leur manière
de vivre se proposeraient les apôtres pour modèles.
Les premiers auteurs de ce dessein furent saint Gaëtan,
Jean-Pierre Caraffe, archevêque de Théate ou Chiéti,
dans l'Abbruzze, et depuis pape sous le nom de Paul IV;

Paul Consigliari, de l'illustre maison de Ghisléri, et Boniface de Colle, gentilhomme de Milan. Ceux d'entre eux qui possédaient des biens ecclésiastiques, demandèrent à Clément VII la permission de les quitter, dans la vue de travailler efficacement à l'exécution du projet qu'ils méditaient. Le pape ne leur accorda son consentement qu'avec beaucoup de peine; il le refusa même long-temps à l'archevêque de Théate.

Tout étant ainsi disposé, les serviteurs de Dieu dressèrent le plan de leur institut, qu'ils présentèrent au pape, et qui fut examiné dans un consistoire de cardinaux en 1524. Afin de se disposer à un plus parfait détachement des choses du monde, ils ne voulurent point avoir des revenus même en commun, persuadés que la Providence leur ferait trouver de quoi subsister dans les oblations volontaires des fidèles. Cet article éprouva beaucoup d'opposition de la part des cardinaux; ils crurent qu'il ne pouvait s'accorder avec les lois ordinaires de la prudence. Ils cédèrent pourtant à la fin aux instances des fondateurs, qui leur représentèrent que le genre de vie dont il s'agissait, avait été celui de Jésus-Christ et des apôtres, et que ceux qui étaient honorés du même ministère pouvaient encore le suivre. Ainsi le nouvel ordre fut approuvé par Clément VII en 1524. Caraffe en fut fait premier supérieur, et comme il portait toujours le titre d'archevêque de Théate, les clercs réguliers dont il était supérieur reçurent le nom de *Théatins*.

Les fins principales que se proposèrent les Théatins furent d'instruire le peuple, d'assister les malades, de combattre les erreurs dans la foi, de

rétablir parmi les laïques l'usage saint et fréquent des
sacrements, de faire revivre dans le clergé l'esprit de
désintéressement, de régularité et de ferveur, l'amour
de l'étude de la religion , le respect pour les choses
saintes, et surtout pour ce qui a rapport aux sacrements et cérémonies du culte divin.

On s'aperçut bientôt à Rome et dans toute l'Italie
des heureux effets produits par le zèle de Gaëtan et
de ses associés. L'odeur de sainteté que répandait
leur vie , multipliait tous les jours le nombre de
leurs coopérateurs. Ils demeurèrent d'abord à Rome
dans une maison qui appartenait à Boniface de Colle;
étant devenue trop petite, ils en prirent une plus
grande à Monte-Pincio. L'année suivante ils virent
leur ordre en danger de périr, lorsqu'à peine il venait de naître.

L'armée de Charles-Quint, commandée par le connétable de Bourbon, qui avait quitté la France pour
s'attacher à l'empereur, vint du Milanez former le
siège de la ville de Rome, qui fut prise d'assaut le
6 mai 1527. Le connétable, après avoir commis
toutes sortes de cruautés, reçut un coup de feu qui
lui ôta la vie. Aussitôt Philibert de Châlons, prince
d'Orange, le remplaça dans le commandement de
l'armée, qui était en grande partie composée de
Luthériens et d'ennemis du saint-siège. Le pape et
les cardinaux se retirèrent au château Saint-Ange.
Les soldats vainqueurs pillèrent la ville et y com-
mirent plus de cruautés que n'avaient fait les Goths
mille ans auparavant. La maison des Théatins fut
presqu'entièrement démolie. Un soldat qui avait
connu saint Gaëtan à Vicence, s'imaginant qu'il possédait des richesses, le représenta comme tel à son

officier. On arrêta sur-le-champ le serviteur de Dieu, et on lui fit souffrir mille tortures et mille indignités, pour l'obliger à livrer un trésor qu'il n'avait pas. A la fin cependant on le mit en liberté , mais extrêmement faible et tout meurtri des coups qu'il avait reçus. Il sortit de Rome avec ses compagnons. Ils n'emportèrent tous que leurs bréviaires et les habits qui les couvraient.

S'étant retirés à Venise , ils y furent reçus avec empressement , et ils s'établirent dans le couvent de Saint-Nicolas de Tolentin. On élut Gaëtan supérieur de cette maison. Sa sainteté , son zèle à procurer la gloire de Dieu , son application à inspirer aux ecclésiastiques l'esprit de ferveur et le mépris du monde, firent universellement estimer son ordre. Cette estime s'accrut encore par la charité dont il parut animé durant la peste qui affligea Venise , et durant la famine qui fut la suite de ce fléau.

Jérôme Emiliani , noble vénitien , était un de ses principaux admirateurs. Excité par son exemple, il devint aussi fondateur d'ordre, et institua, en 1530, une nouvelle congrégation des clercs réguliers , appelés *Somasques* , du lieu de leur demeure , qui était entre Milan et Bergame. Ils devaient élever les orphelins et les enfants dépourvus des moyens de se procurer une bonne éducation.

De Venise , Gaëtan fut envoyé à Vérone, où son zèle et sa présence étaient nécessaires. Il y avait une grande fermentation. Les laïques s'opposaient de toutes leurs forces à certains règlements que leur évêque venait de faire par rapport au rétablissement de la discipline. Le Saint calma peu à peu les esprits. et lorsque tout fut tranquille , il engagea facilement

le peuple à recevoir la réforme introduite par l'é-
vêque, dont les intentions avaient pour but la gloire
de Dieu et l'utilité de ses diocésains.

Quelque temps après il fut appelé à Naples, pour
y fonder une maison de son ordre. Le comte d'Op-
pido lui donna un bâtiment propre à loger sa communauté ; mais il ne put, malgré toutes ses instances,
lui faire accepter la donation d'un fonds de terre
qu'il avait dessein de lui faire. Les exemples et les
prédications de Gaëtan produisirent bientôt une révo-
lution générale dans les mœurs du clergé et du peuple.
Les travaux du ministère ne lui faisaient pas négliger le soin de sa propre sanctification. Il avait des
moments marqués pour ses exercices ; il y donnait
quelquefois six ou sept heures de suite, et il y était
souvent favorisé de graces extraordinaires.

Caraffe, son digne coopérateur, se distinguait
aussi par son zèle, sa prudence et ses autres vertus.
Paul III, successeur de Clément VII, le créa cardinal en 1534. On l'élut pape après la mort de Mar-
cel II, arrivée en 1555, et il occupa la chaire de
saint Pierre jusqu'en 1559, qu'il mourut. Il y avait
déjà quelques années que Gaëtan était allé dans le
ciel recevoir la récompense de ses travaux.

Etant retourné à Venise en 1537, Gaëtan y fut
fait supérieur une seconde fois. Les trois ans de sa
supériorité révolus, il revint à Naples, où il gouverna la maison de son ordre jusqu'à sa bienheureuse
mort. Ses austérités, jointes à ses travaux continuels,
lui causèrent une maladie de langueur : et il s'aperçut bientôt qu'il approchait de son dernier moment.
Les médecins lui conseillant de renoncer à la coutume qu'il avait de coucher sur des planches, il leur

répondit : « Mon Sauveur est mort sur la croix , laissez-moi du moins mourir sur la cendre. » Il voulut qu'on le couchât sur un cilice étendu par terre et couvert de cendres. Ce fut en cet état qu'il reçut les derniers sacrements. Il expira dans de vifs sentiments de componction, le 7 août 1547. Il s'opéra plusieurs miracles par son intercession , et la vérité en fut constatée à Rome, après un examen rigoureux. On en trouve l'histoire dans les Bollandistes. Saint Gaëtan fut béatifié en 1629 et canonisé en 1671 ; mais la bulle de sa canonisation ne fût publiée qu'en 1691. On garde ses reliques dans l'église de Saint-Paul à Naples.

L'exemple de ce saint nous retrace les maximes de ce parfait détachement recommandé par l'Evangile. Il enseignait à ses disciples , qu'un soin excessif pour les biens du monde est un mal dangereux et infiniment préjudiciable aux vertus chrétiennes; il les exhortait fortement à combattre cet ennemi , sur lequel il avait lui-même remporté une entière victoire. Il savait que l'attache aux biens de la terre endurcit le cœur contre les impressions de la charité , et qu'elle corrompt la véritable idée que l'on doit se former des choses spirituelles.

Saint Gaëtan fut le premier instituteur des *clercs réguliers* , c'est-à-dire des prêtres unis par des vœux pour remplir les fonctions de la vie ecclésiastique. On compte ordinairement huit congrégations de clercs réguliers en Italie. 1° Les clercs réguliers de *Saint Paul*, appelés *Barnabites*, à cause de leur maison de saint Barnabé à Milan , institués en 1533. 2° Les clercs réguliers de la *Compagnie de Jésus* , institués en 1540. 3° Les clercs réguliers de *Saint-Maieul* ou

Somasques, ainsi appelés d'un village près de Milan, institués en 1530. Cette congrégation fut unie à celle des Théatins en 1546, et en fut séparée en 1555. 4° Les clercs réguliers *mineurs*, institués en 1588. 5° Les clercs réguliers *ministres des infirmes*, appelés aussi *crucifères*, à cause de la croix rouge qu'ils portent sur leur soutane, institués en 1591. 6° Les clercs réguliers *des écoles pies*, institués en 1621. 7° Les clercs réguliers de *la Mère de Dieu*, institués à Lucques en 1628. 8° Mais comme les *Théatins* sont les premiers de tous, ils n'ont dans leur bulle d'institution d'autre nom que celui de *clercs réguliers*, sans aucune addition. C'est la remarque de Sponde, dans ses annales ecclésiastiques. Ces différentes congrégations ont à peu près le même habit; l'on s'y sert de l'ancienne soutane que portaient les prêtres séculiers vers la fin du seizième siècle, et au commencement du dix-septième.

Le P. Thomassin, *Discipl. de l'Egl. t. I. p.* 1806, *édit. de* 1725, dit que la vie des *clercs réguliers* approche de celle des *chanoines réguliers*. Il y a pourtant une différence, qui est que les anciens chanoines réguliers avaient les jeûnes, les abstinences, les veilles de la nuit, le silence des moines; au lieu que les clercs réguliers embrassèrent dans leur institut toutes les fonctions de la vie ecclésiastique, et non pas ces grandes austérités des religieux consacrés à la solitude. Voyez les statuts des chanoines réguliers de l'ordre de Prémontré.

Les Théatins ne prirent point la règle de saint Augustin, comme quelques auteurs l'ont prétendu. La bulle de leur institut, donnée en 1524, permet à saint Gaëtan et à ses trois associés de se faire des règlements relatifs à leur état de clercs réguliers. Pierre Caraffe, premier supérieur général de la congrégation, fit les premières constitutions qu'on trouve dans Silos, historien de cet ordre. Elles sont divisées en peu d'articles ; mais, dans leur brièveté, elle srenferment une grande sagesse. Elles furent successivement augmentées par les chapitres généraux. Les constitutions actuelles sont l'ouvrage de plusieurs religieux qui les rédigèrent par l'ordre du chapitre général tenu en 1598. Elles furent approuvées par Clément VIII, en 1608, et imprimées alors pour la première fois.

Les règlements postérieurs à cette approbation s'appellent *decreta*. Ils sont divisés en trois parties, comme les constitutions. La première traite de l'office divin et de l'administration des sacrements ; la seconde, des vœux et des pratiques régulières ; la troisième, du gouvernement.

Le cardinal de Bérulle fut si satisfait des mêmes constitutions, qu'il les fit imprimer à Paris en 1628, dix-neuf ans avant que les Théatins fussent établis en France.

Il paraît, par les premières constitutions des Théatins, qu'il n'y avait point encore de couleur uniforme dans l'habillement des clercs. Il y est dit par Pierre Caraffe, fort zélé d'ailleurs pour la discipline ecclésiastique : « Nous ne déterminons ni la couleur ni la forme de l'habillement. Nous suivrons la coutume des pieux ecclésiastiques des diocèses où nous nous établirons. » Les Théatins ayant adopté la couleur noire, on les imita bientôt, et leurs constitutions actuelles disent expressément, que *l'habit sera noir, et tel qu'il convient à des clercs*. Le P. Thomassin fait la remarque suivante, en parlant de l'habit

ecclésiastique : « Quant à la couleur noire, quoique
nous n'en ayons pas vu de loi expresse et universellement reçue qu'après le concile de Trente, l'usage
en était déjà établi parmi les ecclésiastiques les plus
pieux, témoin l'ordre des Théatins, établis en 1524,
sous le nom de clercs réguliers. » (Voyez Thomassin,
de l'ancienne édition). Autrefois le clergé portait un
habit blanc, couleur encore usitée chez les anciens
chanoines réguliers, et que le souverain pontife a
toujours conservée.

Les Théatins ont eu plus de deux cents évêques ;
un souverain pontife dans Pierre Caraffe, qui fut élu
en 1555, sous le nom de Paul IV, et qui mourut en
1559 ; six cardinaux, le cardinal Scotti, évêque de
Plaisance, mort en 1558 : le cardinal Burali d'Arezzo,
d'abord évêque de Plaisance, puis archevêque de
Naples, mort en 1578 ; le cardinal Pignatelli, archevêque de Naples, mort en 1734 ; le cardinal
Tomasi, mort en 1713 ; le cardinal Joseph-Marie
Banditi, archevêque de Bénévent et le cardinal Ca-
péce Zurlo, archevêque de Milan, nommé l'un en
1775, et l'autre en 1782. On a plusieurs ouvrages
du cardinal Tomasi, qui ont été imprimés à Rome
en 10 vol. *in-4°.*

Saint André Avelin et le bienheureux Marinon
étaient prêtres de la congrégation des Théatins.

Ces Pères, dans le second siècle de leur institut,
ont eu de fervents missionnaires dans la Mingrélie,
la Géorgie, l'Arabie, la Perse, dans les iles de Bor-
néo et de Sumatra, et dans l'Arménie. Le P. Ferro,
Théatin de Ferrare, a donné l'histoire de leurs missions.

Le P. Calmo, missionnaire en Arménie, est auteur d'un savant ouvrage en arménien et en latin, qui parut à Rome en 1650, et en 2 vol. *in-fol.* sous le titre de *Conciliation de l'Eglise arménienne avec l'Eglise romaine.*

Plusieurs prêtres indiens ont été reçus à profession chez les Théatins de Goa, et ces prêtres forment une congrégation de missionnaires.

Benoît XIV, par un bref du 20 mars 1743, donna aux Théatins, à perpétuité, une place de consulteur des rites, à cause du savant commentaire que le P. Merati avait composé sur les rubriques.

FIN.

TABLE

—◦◦◇◦◦—

—◦◈◦—

FIN DE LA TABLE.

—◦◦ Lille. Typ. L. Lefort. 1851. ◦◦—

— Lille. Typ. L. Lefort. 1854. —

www.ingramcontent.com/pod-product-compliance
Ingram Content Group UK Ltd.
Pitfield, Milton Keynes, MK11 3LW, UK
UKHW022219120726
13694UKWH00002B/602